臺灣歷史與文化 研究輯刊

十 四 編

第 3 冊

從台灣基層金融到商業銀行
——「板信」之研究（1957～1997年）（上）

魏 占 峯 著

花木蘭文化事業有限公司

國家圖書館出版品預行編目資料

從台灣基層金融到商業銀行——「板信」之研究（1957～
1997年）（上）／魏占峯著 -- 初版 -- 新北市：花木蘭文化事
業有限公司，2018〔民107〕
目 8+154 面；19×26 公分
（臺灣歷史與文化研究輯刊十四編；第3冊）
ISBN 978-986-485-586-5（精裝）

1. 板信商業銀行

733.08　　　　　　　　　　　　　　　　　　107012679

ISBN- 978-986-485-586-5

9 789864 855865

臺灣歷史與文化研究輯刊
十四編　第三冊　　　　　　　　ISBN：978-986-485-586-5

從台灣基層金融到商業銀行
——「板信」之研究（1957～1997年）（上）

作　　者　魏占峯
總 編 輯　杜潔祥
副總編輯　楊嘉樂
編　　輯　許郁翎、王筑　美術編輯　陳逸婷
出　　版　花木蘭文化事業有限公司
發 行 人　高小娟
聯絡地址　235 新北市中和區中安街七二號十三樓
　　　　　電話：02-2923-1455／傳眞：02-2923-1452
網　　址　http://www.huamulan.tw　信箱 hml810518@gmail.com
印　　刷　普羅文化出版廣告事業
初　　版　2018 年 9 月
全書字數　263324 字
定　　價　十四編 16 冊（精裝）台幣 38,000 元　　版權所有・請勿翻印

從台灣基層金融到商業銀行
──「板信」之研究（1957～1997年）（上）

魏占峯 著

作者簡介

魏占峯，民國 39 年 8 月 28 日生於桃園市桃園區，已婚，育有一子一女，均已成年就業。桃園國小畢業，中學就讀桃園區文昌中學。56 年考上台北市高級商業職業學校（簡稱北商，57 年改制爲台北商專，現爲：台北商業大學）。59 年畢業，同年 10 月，入伍服役陸軍預備役，61 年退伍。62 年，經徵試就職板橋信用合作社（簡稱板信），在職 31 年餘。從基層做起，歷任股長、課長，後改稱襄理、副理。86 年板信改制爲板信商業銀行，並接收高雄五信。87 年年初，被派任爲高雄區凱旋分行經理，9 月凱旋分行經核准北遷，業務合併入高雄陽明分行，改任爲陽明行分經理。

91 年 6 月，調回新北市中和分行，其後歷任總行管理部室主管職務。93 年底，行內組織重組，開出優退條件，因長期在同一環境工作，已有職業倦怠感，乃毅然選擇退休，離開工作近 32 年之職場。

退休後，選擇過去想做，卻沒機會、時間做的事。商業知識是我生活的依據，歷史則是我終生的興趣。95 年，用一年的準備，考上了中央大學歷史研究所在職班 95 年班。二年期間，與同學、教授就歷史問題，共同討論研究，是我最快樂的時間之一。

退休前，台灣的金融環境競爭已經十分劇烈，本土性金融風暴發生後，台灣許多知名金融構紛紛倒閉，被清算合併。尤其原台北三信改制之誠泰銀行被合併，讓我內心激盪不已。生息興衰輪迴，世事難料，我工作一輩子的板信，未來命運如何？繼續興盛，或被合併消失？如果消失後，祂存在的歷史是否會被見棄不見。

板信是一家不錯的地方金融，在同業間知名度很高、風評很好，祂從創設至改制商銀，此期間，正逢台灣經濟發展最斐弘的歷程。雖然改制時，因合併了高雄五信，受到損傷。但主事者及員工，到目前仍然戮力經營不懈，企盼再創非凡業績，值得肯定。

本人在此工作半輩子，感於祂見證了台灣的經濟發展，與地方繁榮的過程，其歷史軌跡有留存下來，供後人參考的積極性與必要性。乃與李力庸教授研討，以板信爲題材的論文。李教授爲國內少數具有台灣經濟歷史專長的學者，慶幸得到她的鼓勵與教導乃能成纂本文，終得通過校內論文評鑑及口試。

碩士班畢業後，轉眼十年，每日仍以讀書爲樂。去年底，論文竟蒙李教授推薦給花木蘭文化事業有限公司研議出版。初時，尚有疑義，因論文中有引述七位板信相關重要成員之訪談紀錄，需取得每位人士的同意書。這幾位在新北市之中、永和，板橋，土城地區，都有很好的社會、經濟地位，他們的意願，乃出書的成敗關鍵。一經聯繫，每位成員都欣然同意，並樂見論文成刊出書，短期間內就全部取得了同意書。

經此鼓勵，讓個人對於本論文的出書更具信心，企盼出書後，能留下些蛛絲馬跡的資料，供後人對台灣地方經濟發展，地方金融經營等方面，具有價值的參考。

提　要

　　台灣現代化的金融體制，係日治時期台灣總督府所引進的。當時資金缺乏，一般民眾或小型工商業資金融通，頗受高利貸之苦。總督府爲了要建立一般平民金融，在台推展信用組合。信用組合在日治時期，對台灣的經濟繁榮有很大貢獻。戰後，中華民國政府接收台灣，依法將信用組合改爲各地信用合作社及農會信用部的基層金融體系。

　　板橋鎮在日治時期原有板橋信用組合，戰後改制爲板橋鎮農會信用部，小工商業者遂失去融資的管道。板橋鎮爲台北市之重要衛星都市，市容興盛，各界亟需資金，乃紛紛建請設立信用合作社，以繁榮地方經濟。

　　民國 44 年，行政院准許新設立的 7 縣局，得設置一新信用合作社。板橋鎮爲台北縣治所在，獲此契機，由時任鎮民代表會主席邱榮隆號召地方各界人士，共同創立「板橋鎮信用合作社」（簡稱板信）。板信於民國 46 年 7 月開業，邱榮隆爲第一任理事主席。在他主事下板信穩定地發展，並獲主管機關肯定，得以概括承受永和鎮信用合作社，成立永和分社，業務區域擴大爲板橋、中、永和、土城 4 鄉鎮。

　　板信從創立到改制爲商業銀行，其存續期間正值台灣經濟的成長期，因業務區域緊鄰台北市，具有地利之便，經常長期經營，遂成爲台灣知名信用合作社。84 年，政府頒布信用合作社改制商銀辦法後，板信成爲地方期盼的改制對象。民國 86 年 9 月 30 日，板信在大家的期待中，順利的改制成爲「板信商業銀行」，邁向另一旅程。

　　本文論述以板信存續期間爲主軸，史料著重在板信檔案資料，輔以板橋、中、永和、土城 4 市的地方誌，不足的地方採用板信關鍵人士的口述訪談作補充，以探討台灣基層金融的發展與地方社會、經濟的因果關係，顯現台灣信用合作社的時代功能。

誌　謝

　　從小學起即養成閱讀的興趣，是平時娛樂之一，看書卻無一定之方向，隨興致所及。高中以後，漸對歷史學感到興趣，於是開始專注於歷史方面的讀物，但閱讀的方面仍無一致性，且未貫通融會，看過即丟而已。我高中就讀商業職業學校（北商），大學修的是企業管理，亦從事金融業服務，都屬於商業性質之專業，與歷史無關，但工作之餘對歷史書刊的閱讀興趣仍持續不減。在板橋信用合作社工作 30 年後，面臨到退休抉擇時，思考未來生活如何過得充實。這個問題感謝內人李莉娜提議我退休後，可以作最想做的事，於是興起投考歷史系在職專班的興致，希望能研習到一門專精的歷史學科。

　　能考入中央大學歷史研究所，須感謝嘉義大學歷史系教授李明仁，協助我研讀相關的歷史課本，讓我能順利考入中央大學歷史研究所在職專班。在學期間是我快樂的時間之一，在課程上接受教授王成勉、吳振漢指點明清史，與教授吳學明、賴澤涵、鄭政誠、朱德蘭學習台灣史等，隨他們研討歷史學讓我獲益良多。最遺憾之事，因為工作時間關係，未能選學李力庸教授的課業，卻因為論文題目必須懇請李教授指導，承蒙她不嫌棄收留我這不成才學生，實銘感腑內。

　　歷史研究最重史料，本文以「從基層金融到商業銀行——『板信』之研究（1957～1997 年）」為題目，想藉由板信的發展軌跡來探討台灣信用合作社與地方社會經濟之關係，所以板信的歷史檔案特別重要。為取得相關史料，特別透過板信商銀常務董事陳宗良引介，並獲得董事長劉炳輝首肯，故能順利取得板信原始之檔案資料。

　　板信在合作體制下積存的檔案數量龐大，存放在數百坪的檔案室內尋找費時。感謝秘書室前、後任經理孫振富、賴阿仁全力協助，管理員楊益藝每週兩次載我到內湖檔案室，幫助我翻箱倒櫃的翻索資料。感謝文書股襄理蔡奇峰提供檔存的各年度業務報告書類。經一年以上時間尋找影印相關史料，單法定會議紀錄，推疊起來就超個一個人的高度。但有所不足的，金融機構的檔案有保存期限，許多有用的內部績效檢討資料都已銷毀，讓部分研究論點無法更深入的印證。

　　生硬的史料是無法判讀出事情的全貌，為了做進一步的了解板信的內部實情，也以實際訪談來做這方面的補足。感謝板信商銀董事長劉炳輝、前理事主席邱明政、前總經理陳錦成、常務董事郭道明、常駐監察人葉進一、監察人朱茂陽、創社理監事之一林宜火等人，不厭其煩地接受我的訪談及作成紀錄。同時也感謝板信人員，現任常務董事陳宗良、現任監察人陳騰駿、經理張錫煌、林春蓮、襄理陳達煌、前經理陳盛勳、邱垂遠、廖正通等人提供許多補助或解釋資料，讓我能串連史料，獲得有用之論點。

　　另外也感謝二年同窗學習的同班同學，相互間的學習及鼓勵；尤其同學葉國維幫我通順文字，檢索錯字；羅淑慧幫我翻譯日文資料，使我得以完成這份論文。個人不才如野人獻曝呈上這本紬作，希望各位前賢不予嫌棄。

目

次

第一章 緒 論

第一節 研究動機

　　台灣在日治之前並無現代化的金融機構，日本領台後，日本總督府爲開發台灣資源，需要金融系統配合，除了引進日本本土的銀行外，在台灣亦先後創建台灣銀行等新金融機構。日治初期，台灣金融環境不足，銀行資金只能供應少數日人經營之企業，台灣人及日人等一般民眾頗受高利貸之苦，台灣總督府爲繁榮台灣經濟，認爲有必要再建構一般平民金融體系的需要，乃比照日本國內，引進西歐的合作組織，在台灣推動各類型的「產業組合」，其中信用組合因民眾的需要最爲興盛。信用組合在台灣總督府的鼓勵與扶持下發展迅速。〔註1〕這2種型態的金融體制，對台灣的發展都有很深的影響。

　　台灣城市的專營信用組合及街庄的兼營信用組合發展迅速。1943年，日本太平洋戰爭失利，爲加強農村經濟及金融的統制，以支應戰爭。總督府乃將各地信用組合，分爲「市街地信用組合」與「街庄農業會」。這項的改變，深深影響台灣信用合作社的發展趨勢，從此確定台灣合作組織，分成爲城市的信用合作社，與鄉鎮農會的二元化合作組織型態。

　　戰後，中華民國政府接收台灣，各金融機構由政府接管進行整頓。〔註2〕仍依照日治時期遺留下來的現況，將各市街地信用組合，改組爲信用合作社，將原併入農業會的街庄產業組合，改爲農會信用部。

　　國民政府爲確保台灣金融的穩定，嚴格限制金融機關的設立，信用合作

〔註1〕陳逢源，《台灣經濟與農業問題》〈台北市：萬出版社，昭和19年〉，頁138、139。

〔註2〕中國合作事業協會台灣省分會合作年鑑出版委員會，《台灣省合作年鑑》（台北市：中國合作事業協會台灣省分會合作年鑑出版委員會，1957年），頁139。

社亦不准增設新社。39 年，台灣省行政區域調整重劃，增設宜蘭、台北、苗栗、南投、台南、高雄縣及陽明山管理局等 7 縣局。這 7 個新設縣局政府所在地，皆無信用合作社，對於一般平民階級、小工商業者資金的融通，有諸多不便，地方人士乃一再陳情，各縣市政府及地方議會議也屢次建議。44 年，行政院乃准許這 7 縣局政府所在地得設立新信用合作社試辦，嗣由各該地方人士，積極進行籌備。46 年，板橋鎮、苗栗鎮、南投鎮、鳳山鎮及陽明山信用合作社等五社，先後成立。

板橋鎮信用合作社（簡稱板信，60 年改名板橋信用合作社）在 46 年 4 月 25 日召開成立大會。板信的設立，係當時擔任板橋鎮第 5 屆鎮民代表會主席邱榮隆，他結合親友、鄰里、商業上股東、鎮民代表會、縣政府、市公所、飲料配銷系統等人脈資源，共同創立的。

信用合作社社、業務經營，以服務社員為對象，社員須為設籍於業務區域內的一般民眾或小工商業業主為限。民國 80 年之前，一般商業銀行的分行尚未普及，故基層金融得以深入地方。因為與地方關係太過緊密，很容易受到地方政治派系的掌控，淪為派系的私用金庫，部分地區的地方派系為了爭奪信用合作社的領導權，因而發生嚴重的糾紛，導致弊端連連，這種案例在其他基層金融亦屢屢發生，成為基層金融一直被社會所詬病的最大原因。

板信是基層金融，由板橋地方人士組成，實難自外於地方，所以板橋三大家族的邱、劉、郭 3 個家的成員，也是組成板信的中堅之一。從創立起至改制為板信商銀止，三個家族都持續有成員參與板信的理、監事會，這些成員在板信內部多能相互合作。故板信社、業務的運作，堪稱「順暢」，未曾如部分同業受到政治派系介入，產生嚴重糾葛的情形。這與板信理、監事及 4 任理事主席在地方事務上，長期堅持中立的態度有關連。自 52 年起，板信 4 任理事主席在任內都未參與公職選舉。對地方上的選舉也謹守中立原則，故未介入地方政治的紛擾中。

因為主事者的態度，政治糾紛不曾在板信發生，參與板信理、監事者，主要在獲取地方上的「好名聲」，都表示理性參與的態度。〔註 3〕故內部的運作「和順」，各項法定會議，以溝通、協調來達成共識，會議極少以表決方式強行通過議案。議案一經議決施行，即未有人再提異辭，故難有紛爭。這是板信社務得以穩健的主因。

〔註 3〕參見附錄四邱明政訪談紀錄。

　　信用合作社的營業區域及業務項目，都受到政策及法令限制。板信因為概括承受「永和信用」，營業區域突破了政府的限制，涵蓋了板橋、中、永和、土城4個縣轄市，這對板信的發展有絕對性影響。4市都緊鄰台北市，為台北市重要的衛星都市，從50年代起，經濟逐漸繁榮，都市化快速發展，人口大量移入，住宅需求強烈，4市內原有的農地紛紛改變成為建地，形成建築業發達的產業結構。一般民眾為購置住所，需要金融機構的貸款配合。板信抓住這項契機，從民國53年開辦社員購屋貸款，推出後，房屋貸款迅速的成為放款主要業務，板信改制前，大部分資金流用於購屋用途的融資。這項業務為板信帶來優於同業的績效及盈餘；也因為業務的關係，板信理監事會的組成也深受建築業的影響，改制前板信理、監事中，有極大比率從事或投資於建築行業。

　　「取之於地方，用之於地方」是信用合作社同業間的一句口號。對地方作出回饋，這是信用合作社與一般銀行不同之處。板信對回饋地方的作為十分堅持，而且長期持續的推行，舉凡配合地方政府的建設措施的捐獻、對地方各級學校教學設備的捐贈、天災的賑濟、地方公益社團的支助等，在財力範圍內，都盡力而為。板信更注重社員福利，每年股息、社員紀念品的發放及社員子女獎學金申請，都是社員所期盼的。這些社員福利與地方回饋是信用合作社與銀行最大不同的地方，板信能長期持續的施行，在同業間也是不多的。

　　板信是少數在戰後成立的信用合作社，在合作體制的存續期間，正值台灣經濟的成長期。業務區域內的4個縣轄市，都緊鄰臺灣經濟中心台北市的衛星都市，據有地利之便。而社內的人與事運作和諧又經營得法。在台灣同業中有好經營條件的信用合作社不少，但能天時、地利、人和3項具有者則不多，這是板信與其他同業非常不同之點，值得去探討的地方。

　　戰後，信用合作社具有平民資金融通，與繁榮地方的功能，對台灣經濟曾發揮了一定的功能。但部分同業卻受到地方派系的掌控，而發生許多弊端，它的社會、經濟功能，屢受政府及民間所質疑，於是改革的呼聲四起。政府為推行金融國際化、自由化，自80年起，修改金融法令，開放新銀行設立，及信用合作社法單獨立法等金融革新政策，這讓信用合作社受到的競爭與衝擊更大。84年底起，准許體質健全的信用合作社改制為商銀，於是信用合作社經由改制或被合併，家數迅速的萎縮。到97年，全台信用合作社僅存28

社，〔註4〕消失之速令人驚訝。

歷史研究首重史料，而史料保存之不易，是眾所周知的。因為曾對日治時期成立的大東信託有研究興趣，但大東信託在日治末期已被強制合併，史料大部分佚失，令人十分惋惜。民國 95 年，由於同為信用合作社改制的誠泰商業銀行被新光銀行合併，〔註5〕這則消息讓人十分感慨。該行前身為台北三信，日治時期大正 7 年（1918）即已成立，歷史悠久，曾為台灣最大的信用合作社，也是第一家改制商銀的基層金融。該行就此消失了，不出幾年有關它的歷史文件，將迅速流佚。

本文是以研究板信為主軸，想要探討戰後台灣信用合作社的演化。如何從日治時期，迄戰後，經由政府的整頓及管制，而形成今日信用合作社的型態。並希望從板信保存的現有檔案，了解一個新設立的地方金融機構，從籌設到改制商銀整個的經過，及了解該社當地的人文、歷史的關聯。

「保證責任板橋信用合作社」自創立至改制前，常為外界，或部分學術界，將其歸類為受板橋地方派系掌控下的地方金融，並被認為係由板橋劉家其中一系的海山集團所經營的眾多企業之一。〔註6〕亦或將其劃歸為郭政一、李建和等地方政治人物延伸的派系關係內。〔註7〕唯從該社保存的各項法定會議紀錄、檔案，或社員代表、理、監事名錄所得結果，與各界的認知是有很大差別。其社內重要成員，於接受訪談時也亟欲讓各界了解「板信是全體社員的合作社」的真相。

筆者曾為信用合作社從業人員，對信用合作社自有一份使命感，看到曾在台灣金融史上，占有重要地位的信用合作社，卻在歷史的洪流中逐漸萎縮流失。認為對其存在的歷史功能，有研究的必要。故特以板信為研究對象，透過現任板信商業銀行常務董事陳宗良引介，經董事長劉炳輝同意，提供板信檔案資料供作研究，希望能留下研究報告，以便提供各界作參閱的資料。

所以將板信作為研究對象，因為：

〔註4〕中華民國合作事業協會編印，《中華民國九十八年合作事業統計年報》（台北：中華民國合作事業協會，2009 年）。

〔註5〕〈誠泰銀正式併入新光金〉，《聯合報》，中華民國，2006 年 1 月 02 日，A12 版，財經。

〔註6〕劉佩怡，〈台灣發展經驗中的國家、地方派系、信用合作社的三角結構分析〉台北市：國立政治大學，中山人文社會科學研究所博士論文，2002 年，頁 147。

〔註7〕陳明通，《派系政治與台灣政治變遷》（台北市：明日，1995 年），頁 277、279。

一、板信是信用合作社少數戰後才成立的新社，成立時的檔案大部分尚
　　存，對於設立時的社會背景仍有詳實的資料可循。

二、板信為基層金融，為地方人士所組成，社員、業務來自地方，卻能
　　不受地方政治派系的影響，而能逐步成長，有其堅持的原則。

三、大部分信用合作社業務區域被限制在一個市鎮的行政區內，板信卻
　　能突破政府政策限制，跨越台北縣 4 個縣轄市，具有意義。

所以本文探討重點：

一、主管機關的政策及法令對信用合作社的管制與保障，經過長期的實
　　施後對信合社的影響。及板信為何能獲得跨區經營的機會，及其後
　　續成長的關聯。

二、有關信用合作社的組織受到法令規定的影響，及板信為求社、業務
　　發展所規劃的組織系統的架構及運作。

三、信用合作社在地方上長期經營，與地方經濟、社會、政治間的互相
　　關聯與影響。板信為何能跳脫地方政治勢力的介入。

四、板信的社、業務發展及回饋地方。

五、板信具有天時、地利、人和的條件，社、業務的數據亦優於同業，
　　卻無法領先業界的原因。

六、板信改制商銀與合併高雄五信的考量與經過及損失。

　　國內學術界在金融領域的研究裡多以銀行為主，對信用合作社則較少著
墨，更少有以歷史的觀點以一家信合社作為研究對象。近來國內金融環境丕
變，信用合作社因規模小，承受環境改變的能力相對不足，故 87 年以後，全
台信用合作社的家數正迅速萎縮中，不是改制為商業銀行，就是被兼併消失，
現存家數不滿全盛時期的三分之一。

　　國內的金融競爭越來越激烈，信合社未來的發展難以預料，改制為商業
銀行的績優合作社，已有部分無法順應現有情勢被合併消失了。這些消逝的
基層金融機構，其歷史可能被淹滅在時間的洪流中。信用合作社在台灣金融
有其特定的地位，其對台灣的貢獻，自應留與後人研究。本文研究的對象雖
以板信為主軸，但主管機關對信用合作社的管理是一致的，法令統一，各社
之間所不同的地方只在人與事及作為上。希望藉這項研究，讓讀者了解信用
合作社的概貌，及板信對地方社會、經濟的貢獻。

第二節　時間斷限與研究範圍

　　本文的時間斷限的期間，設定在民國 46 年板信創立至 86 年改制為商業銀行止，這段時間，板信在信用合作社體制下，有整段完整的起始與結束。

　　板信在合作社體制之下的存續期間，正是國內經濟、社會蓬勃發展的時期，也是國內金融業迅速發展的年代，台灣地區的各信用合作社也有很好的成長。但信用合作社受到政府政策限制及嚴格管理的影響，只能在一個市或鎮的行政區域內經營，各地信用合作社的業務發展深入地方，受到所在地地方政治及經濟發展的影響，反而超過國家總體經濟循環的作用。

　　民國 39 年台灣省行政區域調整，新設台北縣等 7 縣局，台北縣治設於板橋鎮。板橋市位於台北縣中部略西之位置，北隔大漢溪，與新莊、三重市為鄰；東北臨新店溪與台北市相望；西南接樹林鎮；南連土城市；東毗中和市。地形呈東北、西南走向的不規則長形。總面積為 23.4221 平方公里〔註 8〕。44年，行政院准許板橋鎮等 7 個新設縣治所在城鎮設置新信用合作社，這是板信成立的契機。板橋市是板信的起基地，與板信最密切，歷任理、監事多由此選任。改制商銀前，業務亦占全社 60％以上，兩者互相影響深厚。

　　板信 4 位理事主席對地方事務謹守中立原則，擺脫地方政治派系的干擾且經營得法，深受主管機關及地方政府肯定。59 年永和鎮信用合社經營困難，無法重整，財政部准許板信概括承受該社，這讓板信得以突破業務區域限制，營業範圍涵蓋板橋、中和、永和、土城 4 鄉鎮，成為信用合作社業界的一個特例。這 4 鄉鎮皆緊鄰台北市，隨著國內經濟發展，成為台北市重要衛星都市，並陸續改制為縣轄市，為台北縣精華地區。

　　這 4 個縣轄市的繁榮，與板信的發展有絕對關聯。這 4 個縣轄市是台北大都會區重要的住宅型城市，住屋需求殷切，建築業發達。板信提供大部分的資金，供應地區內社員購置自用住宅所需的貸款融資。板信的放款業務亦以購屋貸款占大宗，這讓板信獲得了業務，創造盈餘，同時也滿足社員的需求，繁榮地方建築產業。因為如此從事建築業者紛紛參與板信理監事會，改制商銀前人數高達 75％，兩者如此深厚的聯結，互有因果關係。

　　板信因內部運作和諧，並排除外界政治事務的紛擾，又經營得法，乃成為台灣知名的信用合作社。84 年，財政部公布信用合作社改制商銀辦法，板信成為地方期待改制的對象。股權分散是台灣信用合作社的通例。板信理事

〔註 8〕盛清沂、吳基瑞編纂，《板橋市志》（板橋市：板橋市公所，1988 年），頁 1。

會惟恐改制後喪失經營權，乃將股金總額提高至 60 億元，由理監事先行依法增股，達到能控制經營權的持股，方安心的提出改制申請。

　　板信申請改制的同時高雄五信發生人為弊案，虧損金額無法彌補，主關機關以板信體質健全，資本堅實，遂建議板信概括承受。板信理監事會對此疑慮甚深，遲遲不同意承受。主管機關乃介入合併案，提出可行方案，逐一解除板信理監事會的顧慮，板信方通過承受高雄五信乙案。事後板信人員表示，主管機關的承諾都未能實現，板信單獨承受近 30 億的虧損。板信理、監事有受騙的不平心理。這項虧損也讓改制後的板信商銀困擾多年。

　　上述的論述都將於本文中逐一討論，這些議題為本文重要的探討論點。台灣的金融議題，涵蓋國內外的政治、經濟及國際金融，範圍廣闊，則非本文能及。本文主要內容界定在對台灣信用合作社的研討，並以板橋信用合作社為主軸。時間縱向，從民國 46 年 4 月板信創立起，至 86 年 9 月改制為板信商銀止。地理橫面，以探討板橋、中、永和、土城 4 個縣轄市，與板信的社、業務深入地方，與 4 市的地方經濟、產業等相互間的關聯性，其他的議題則不再探討的範圍內。

第三節　研究回顧

　　國內學術界有許多以信用合作社作為研究的題目，但關於信用合作社的研究，多著重在經營管理、業務績效、現行法令、制度及未來發展等方面作研討，而以史學觀點作為研究題材的著作則相對的減少許多，目前所能尋得與信用合作社有關的研究有：

一、通論的研究

　　國內以信用合作社為主題的歷史研究著作，數量非常的少，目前能蒐尋到的研究，戰後著作，只有吳春來著的《台灣信用合作事業之研究》，〔註9〕與張遂總編輯，張森宇副總編輯的《台灣地區信用合作發展史》兩本；及於民國十年于樹德所著，王瑄補訂的《信用合作社經營論『一名平民銀行經營論』》。〔註10〕。

〔註 9〕吳春來編著，《台灣信用合作事業之研究》（台北市：合作金融社，民國 62 年）。
〔註10〕于樹德、王瑄補訂，《信用合作社經營論『一名平民銀行經營論』》（上海：中華書局，民國 22 年）。

　　《信用合作社經營論『一名平民銀行經營論』》這本著作成書早，基本上在於宣導信用合作社對地方金融的重要性暨業務運作，寫作方式類似教科書。所述內容與戰後台灣信用合作社的現況無關，但對大陸時期信用合作社之研討，極具參考價值。

　　其次，吳春來著作的《台灣信用合作事業之研究》，是針對民國 62 年以前，台灣信用合作社的起源、制度、營運、管理作全面性的研討，涵蓋廣泛。內容偏重在研討戰後台灣信用合作社的制度面，尤其在內政部管理時期社業務的法令、規章。其論述重點依次：為信用合作社設立標準、分支單位設置條件；及有關社員的資格及限制；暨信用合作社的組織、章程、理監事、社員代表等相關法令；社、業務、財務、盈餘等的規定；行政管理等法令依據等。最後對台灣合作事業的優、缺點提出檢討及改進意見。

　　第三本著作亦屬廣泛性的研究，張逵任總編輯，張森宇為副總編輯，由中華民國信用合作社聯合社發行的《台灣地區信用合作發展史》上、下編。本書從該聯合社理事主席之序文日期，可知出版年度應該在 81 年以後。其內容範圍宏大，主要概論戰後台灣信用合作事業發展上的所有重要制度、法規、事務及產生的問題等，及對未來發展的重要看法及個別簡略介紹各社的歷史、社業務情形等。其論點乃綜合近年各社的意見歸納而成的，除了改制商銀的議題在書中未論及外，其他許多觀點，似乎可以看見在「信用合作社法」立法時，主管機關斟酌引據作為參考。

　　其他有關信用合作社的研究，都以全體合作社為範圍，論述重點則以信用合作社為主。這類著作數量亦少，最重要的為中國合作事業協會台灣省分會合作年鑑出版委員會編的《中華民國台灣省合作年鑑》。目前僅存 46、51、56、75 年出版的年鑑。其中以 46、75 年最具參考價值。46 年版主述從日治時期的產業組合，至民國 46 年前台灣合作組織的更迭。對日治時期的產業組合，從總督府至全台各類組合，尤其信用組合，有頗為詳實時的介紹。75 年版則補充許多戰後台灣信用合作社發展的資料，並加強台灣省及北、高兩市信用合作社發展情形。

　　第二本為陳岩松編著的《中華合作事業發展史》，〔註 11〕陳岩松，中華文化復興運動推行委員會，及中國之科學與文明編譯委員會，則掛名為主編者。主要論述全國的合作事業，篇幅涵蓋極廣，從古至今凡與「合作」有關聯的

〔註 11〕陳延松編著，《中華合作事業發展史》（台北市：台灣商務印書館，1983 年）。

思想、人物都含納於文內，並分別說明，戰前大陸上各省、各種合作事業發展情形，並論及合作教育、中國合作學社、中國合作事業協會、國際合作等的功能。第二項重點，集中敘述戰後台灣的合作事業，涵蓋的範圍也非常的廣泛，凡曾在台灣出現的各種類型的合作事業都有簡介。

二、信用合作社組織、制度、經營的研究

除了上述通論性著作外，對信用合作社的研究，基層金融研究訓練中心及中央存款保險公司也作了許多研究，出版過數本專著，內容詳實，但多以探討信用合作社相關的法令、制度、經營等的層次為主軸，較少涉及信用合作社的歷史研究。如現任玉山銀行董事長黃永仁，在任職基層金融研究訓練中心主任時，曾對基層金融及信用合作社著作過數本研究專書，其中《台灣的基層金融──過去現在未來》，〔註12〕70 年度出版，獲得過教育部「70 年度青年研究著作優等獎」。內容針對台灣三大基層金融──中小企銀、農會信用部、信用合作社的過去歷史，對經濟的貢獻，現行的制度、法令及所遇到的問題，未來發展的方向，法令的修訂，各基層金融應有的因應之道等，都作出精闢的分析與建議。

《信用合作社未來發展方向──改制與單獨立法問題》〔註 13〕由黃永仁、施富士共撰，針對台灣信用合作社的現況及問題，綜合美、日信用合作制度的演進，剖析信合社遭遇的各項議題，提出改制與單獨立法的可行性。這是台灣信用合作社單獨立法及改制為商業銀行芻議，最早作成的書面研究。

對信用合作社的業務經營，研究最深入的亦屬基層金融訓練中心，研究專書中有：蔡培玄，《信用合作社規模經濟之研究》。〔註14〕曾增財，《農會信用部與信用合作社業務區域劃分之研究》。〔註15〕蔡秋榮，《再論農會信用部與信用合作社業務區域劃分之研究》等。〔註16〕均屬於信用合作社的經營管理的研究。

〔註12〕黃永仁，《台灣的基層金融～過去現在未來》（台中市：基層金融研究訓練中心，1981 年）。

〔註13〕黃永仁、施富士，《信用合作社未來發展方向～改制與單獨立法問題》（南投縣：基層金融研究訓練中心，1986 年）。

〔註14〕蔡培玄，《信用合作社規模經濟之研究》（南投縣：基層金融研究訓練中心，1987 年）。

〔註15〕曾增財，《農會信用部與信用合作社業務區域劃分之研究》（南投縣：基層金融研究訓練中心，1984 年）。

〔註16〕蔡秋榮，《再論農會信用部與信用合作社業務區域劃分之研究》（南投縣：基

　　基層金融研究訓練中心在對信用合作社所作的研究中，尚有許多針對典章制度、經營績效、成本分析等方面之研究著作，但目前已有部分書籍散迭，連在國家圖書館內，或其他圖書館都未能尋獲，如施富士，《信用合作社課徵營業稅問題之研究》。羅庚辛，《信用合作社用人費率問題之研究》等，僅存書目。目前該中心已經裁撤，部分業務併入金融訓練中心的編制內，這些研究可能已永遠流失。

　　中央存款保險公司在對信用合作社的研究裏，也曾出過專書，並再版《信用合作社經營管理新理念之研究》。〔註17〕對信用合作社未來經營有深入介紹。

　　另外，台灣省合作金庫是全省各地信用合作社，業務及金融檢查的輔導機構，亦曾對信用合作社長期作過研究，唯多係短篇的研究論文，且多與基層金融研究訓練中心的研討類似，故不另引述。其中合庫專業金融部研究員黃百全的《信用合作社讓購及合併問題之研究》〔註18〕有特別附印成書，內容對信用合作社讓購、合併的問題有深入研究。

　　在期刊方面，對信用合作社有研究報告的書刊，其研究範圍及重點，多著重在信用合作社的組織制度、經營分析、法令施行等，如合作金庫的〈今日合庫〉，中華民國信用合作社聯合社的〈信用合作〉，基層金融研究訓練中心的〈基層金融〉等，多偏重於制度、經營等之探討。

　　至於台灣的各學術研究機構或各大學學位研究，則尚未發現有以歷史學的研究方法，將信用合作社作為研究對象。如台北大學國際金融，碩士在職班蕭志隆撰，〈信用合作社改制商業銀行經營策略形成之研究〉。〔註19〕國立政治大學社會科學學院行政管理，碩士班洪士傑撰，〈台灣地區信用合作社各分社獲利能力實證分析：以某信用合作社為例〉。〔註20〕再早的，有劉照文撰，〈新金融環境下我國一般銀行和信用合作社行銷組合之比較研究〉。〔註21〕及

層金融研究訓練中心，1988年）。
〔註17〕林輝雄等撰，《信用合作社經營管理新理念之研究》（台北市：中央存款保險公司，1994年）。
〔註18〕黃百全，《信用合作社讓購及合併問題之研究》（台北市：合作金庫，2000年）。
〔註19〕蕭志隆，〈信用合作社改制商業銀行經營策略形成之研究〉台北縣：國立台北大學，2007年。
〔註20〕洪士傑，〈台灣地區信用合作社各分社獲利能力時正分析：以某信用合作社為例〉台北市：國立政治大學，2008年。
〔註21〕劉照文，〈新金融環境下我國一般銀行和信用合作社行銷組合之比較研究〉台北市：大同工業學院，1992年。

唐錦秀撰，〈金融自由化下信用合作社發展方向之研究〉等。〔註22〕

　　綜觀上述各篇研究論文，都是與信用合作社的經營管理或績效分析之類有關的學術成果，與本文研討性質較無關聯，亦缺乏歷史的觀點；另外這些研究都是整體性質的論說，尚未有針對如板信等某家信合社作深入研討的專論。唯他們的研究成果，對於現存的信用合作社的經營管理具有重要參考價值。

　　至於目前大陸學者對大陸信用合作社之研究，因與台灣信用合作社的社會、經濟、產業並無關聯，故未加採用。

第四節　研究方法與史料

　　本文所使用的研究方法，係採歷史學的文獻分析法為主，主要的工作是歷史文獻的收集與研讀，並加以比較分析。史料的收集，包括板信檔案資料、台灣的地方志、日治時期產業組合的統計文獻、戰後政府的統計資料等。以這些第一手史料為重心，進行史料內容的整理、歸納、考證與分析。同時利用社會學的方法，以表格方式，列示相關數據。另外亦參考二手研究的觀點作相關的探討。也引據主管機關的法規，與新聞報導來對比事件的因果關係。

　　本文以研究台灣的基層金融之一，板橋信用合作社與地方社會、的關聯經濟為主軸，所以首重板橋信用合作社有關史料的收集，板信商銀董事長劉炳輝，特准許該行秘書室提供該行信用合作社時期的檔案資料。板信的檔案浩繁，而且各項檔案都依規定定時銷毀，故史料蒐集以永久保存的法定會議紀錄及各年度的業務報告為主。其次與本文相關的其他史料，合作組織是日治時期引入台灣的，所以也蒐集日治時期台灣產業組合的日文史料。因為板信業務區域涵蓋板橋、中、永和與土城台北縣 4 個縣轄市，故相關市志也是收集的重點。另外為有助於了解台北縣、台灣省的全貌，亦蒐羅台北縣志、台灣省志等通志。再次，為了瞭解事件的全貌及因果關係，特別以訪談的方法，邀請板信關鍵性人士，作成訪談紀錄，以彌補、串連檔案資料不足之處。

　　在板橋信用合作社檔案資料方面，共收集有：創立大會紀錄、各年度社員代表大會紀錄；各年度社務會、理事會、監事會紀錄等（見表 1—4—1）。板信各項會議紀錄檔案內，含有各年度各項會議，歷次會議之重要報告事項、

〔註22〕唐錦秀，〈金融自由化下信用合作社發展方向之研究〉台北市：中國文化大學，1989 年。

討論議案、議決事項、重要議案通過的附件等，40 年之檔案資料，數量非常龐大，檔案箱推疊起來高過二個人身高，會議紀錄經一一檢視後，將全部的會議紀錄及選取出來的重要附件，以影印或電腦掃描方式存檔備用。雖然板信的檔案資料量大，可惜收存的檔案中，仍有些許重要議案附件未予檔存，這些缺漏僅能從其他資料或訪談補充。

表 1─4─1：板橋信用合作社各項法定會議紀錄檔案明細表

序號	會議記錄檔案名稱	起迄年度	檔案數量（箱）	備　註
1	47～86 年社員代表大會紀錄	46～86	1	內含創立大會紀錄
2	46～86 年社務會紀錄	46～86	1	
3	46～86 年理事會紀錄	46～86	6	
4	46～86 年度監事會紀錄	46～86	8	
5	受讓高雄五信移交清冊	86	1	

板信除了法定檔案外，秘書室文書股依其職務關係，亦收藏部分重要但未檔存之資料（見表 1─4─2）。其中以各年度社員代表大會議案及業務報告最具參考價值。資料的形式，隨社業務成長，又所變動。在 47 年至 60 年間，以大會議案為主件，上年度業務報告為附件，合為乙冊。61 年至 65 年，以上年度業務報告為主，當年度大會議案為附件，合為乙冊。66 年以後至改制前，大會議案與業務報告各為一冊。大會議案內容，有板信歷次通常或臨時大會會議程序、正式議案及議案附件等；業務報告則含上年度業務概況報告、報告及承認事項、監事會查帳報告等項。報告及承認事項再細分為年度重要紀事、社務、業務等大項。

表 1─4─2：板橋信用合作社秘書室文書股收藏檔案資料明細表

順序	檔案名稱	起迄年度	檔案數量	備　註
1	46 年 4 月 25 日創立大會議案	46 年 4 月 25 日	1 份	
2	47～60 年社員代表大會議案	47～60	15 本	附上年度業務報告
3	60～65 年業務報告	60～64	6 本	附當年度大會議案
4	65～85 年業務報告	65～85	20 本	
5	62～66 年臨時大會議案	62～66	5 本	
6	67～86 年通常、臨時大會議案	67～86	42 本	
7	第 1～14 屆理事名錄	46～86	1 份	

順序	檔案名稱	起迄年度	檔案數量	備 註
8	第 1〜38 屆監事名錄	46〜86	1 份	
9	第 1〜16 屆社員代表名錄	46〜86	1 份	
10	台北縣板橋信用合作社變更組織為板信商業銀行股份有限公司第一次股東大會議事手冊	85 年 12 月 27 日	1 本	
11	86 年、87 年板信商銀董事會紀錄	86〜87 年	2 本	
12	板信商業銀行 86 年度年報	86 年	1 本	

　　有關台灣全體合作社及信用合作社可供參考的史料，目前僅發現中國合作事業協會台灣省分會，出版過的〈台灣省合作年鑑〉〔註23〕，對合作社的今昔作過詳細的報導。〈台灣省合作年鑑〉，現今在國內各圖書館有典藏的不多，僅在國家圖書館找到民國 46 年版、51 年版、56 年版、75 年版等，而以 46 年版及 75 年版最具參考價值的。

　　蒐集的地方志中，屬於板信業務區域內的有板橋市志、中和市志、永和市志、土城市志等（見表 1—4—3）。民國 60 年，板信藉合併永和信用的契機，經主管機關核准，業務區域涵蓋台北縣這 4 個縣轄市，此後，板信社業務的成長與這 4 市的發展息息相關，所以 4 市的地方志書，內容資料可以與板信的數據互相比對，印證事實，故為相當重要的史料。其中《板橋街誌》為日文書，成書於昭和 8 年最早。

表 1—4—3：板橋信用合作社業務區域 4 縣轄市地方志

序號	地方志	纂修者	主修	印刷地	發行或出版	發行日期
1	板橋市志	盛清沂、吳基瑞	張馥堂	台北縣	板橋市公所	1988 年
2	板橋市誌續編	板橋市誌編輯委員會	吳清池	台北市	板橋市公所	1997 年
3	板橋市志三編	尋俠堂國際創意有限公司	江惠貞	台北縣	板橋市公所	2009 年
4	永和市志	吳學明	孫勝治	台北市	孫勝治	1986 年
5	永和市志上、下冊	中華綜合發展研究院應用史學研究所	呂芳煙	台北縣	永和市公所	2005 年
6	重修中和鄉志	盛清沂、吳基瑞	林德喜	台北縣	中和鄉公所	1977 年

〔註23〕中國合作事業協會台灣省分會合作年鑑編輯委員會編輯，《台灣省合作年鑑四十六年版》（台北市：中國合作事業協會台灣省分會，1957 年）。

序號	地方志	纂修者	主修	印刷地	發行或出版	發行日期
7	中和市志 上、下冊	中華綜合發展研究院	洪一平	台北縣	中和市公所	2005 年
8	土城市志	土城市志編纂委員會	盧國雄	台北縣	土城市公所	1994 年
9	板橋街誌 （日文書）	淀川喜代治	淀川喜代治	台北市	板橋街役場	昭和 8 年 （1933 年）

　　另外為全盤了解台灣省、台北縣地方政經及金融體系過去的發展與現況，本文亦參考《台北縣志》〔註24〕，《續修台北縣志》〔註25〕，台灣省方面有《台灣省通志稿·經濟志·金融篇》〔註26〕、《台灣省通志·經濟志·金融篇》〔註27〕、《重修台灣省通志·經濟志·金融篇》〔註28〕。

　　台灣的合作制度乃日治時期引進台灣，並受到台灣總督府的扶助，奠定了台灣今日信用合作社及農會信用部的基礎。台灣總督府為了解當時台灣產業組合的發展情形，作成了詳細的統計資料（見表 1－4－4）。這些統計資料中央圖書館已有部分製成電腦圖檔，可供下載，但仍有部分尚未上線，需要閱覽檔案原稿。

表1－4－4：日治時期台灣產業組合各項統計資料表

序號	資料名稱	起迄年度	發行日期	發行單位	發行地
1	台灣產業組合要覽第 3～29 次	大正 4～ 昭和 16 年	1916～1943 年	台灣總督府民政部財政局	台北市
2	台北州產業組合要覽（昭和 3、5、6、8、9 年版）	昭和 3～9 年	1931～1934 年	台灣產業組合協會台北州支會	台北市
3	台北州工商要覽	昭和年 8～12 年	1939 年	台北州勸業課	台北市

〔註24〕盛清沂總纂，《台北縣志》（台北市：成文出版社，1983 年）
〔註25〕張勝彥總纂，《續修台北縣志》（台北縣：周錫瑋，2006 年）。
〔註26〕吳耀輝纂修，《台灣省通志稿·經濟志·金融篇》（台北市：台灣省政府，1959年）。
〔註27〕李汝和主修，《台灣省通志·經濟志·金融篇》（台中縣：台灣省文獻委員會，1970 年）。
〔註28〕劉寧顏總纂，《重修台灣省通志·經濟志·金融篇》（台中縣：台灣省文獻委員會，1993 年）。

序號	資料名稱	起迄年度	發行日期	發行單位	發行地
4	台北市產業要覽（昭和 12～15 年版）	昭和 12～15 年	不詳 1939～1941 年	台北州勸業課	台北市
5	海山郡產業組合要覽	昭和 13、15 年	1939、1941 年	海山郡產業組合共榮會	台北市

　　本文為了釐清信用合作社與板信在台灣金融界中的定位，及戰前、戰後台灣的金融情勢，也收集北高兩大信用合作社及台灣銀行、四個省行庫的週年誌，暨台北縣板橋農會紀念冊等作為本文內各項數據的比較引證（見表 1—4—5）。

表 1—4—5：台灣地區省行庫及北高信用合作社週年志暨板橋農會紀念冊

序號	週年志	編纂者	發行地	發行者	發行時間
1	台灣銀行四十年誌（日文）	明倉喜作	東京市	明倉喜作	昭和 14 年（1939 年）
2	台灣銀行六十年	王錦源等編撰 王建芬等編輯	台北市	台灣銀行	2006 年
3	彰化銀行百年史	彰化銀行百年史編輯委員會	台中市	彰化銀行	2005 年
4	華南銀行改制四十年	華南銀行彙編	台北市	華南銀行	1987 年
5	第一銀行九十年	第一商業銀行編	台北市	第一銀行	1989 年
6	台灣省合作金庫五十年誌	合作金庫五十年誌編輯委員會	台北市	合作金庫	1996 年
7	保證責任台北市第十信用合作社七十年誌	台北十信七十週年籌備委員會	台北市	台北第十信用合作社	1981 年
8	飛躍七十	高雄市第三信用合作社	高雄市	高雄市第三信用合作社	1987 年
9	板橋市 87 週年暨第十四屆選任人員紀念刊	台北縣板橋市農會	台北縣	台北縣板橋市農會	2005 年

　　板信在 86 年 9 月底改制為商業銀行，為實證與信用合作社各社業務有關的數據資料的正確，亦引證各級政府出版的重要統計刊物（見表 1—4—6）。

表 1—4—6：政府機關出版品明細

順序	出版品名稱	出版單位	引用年度
1	各金融機構業務概況年報	中央銀行金融業務檢查處	52 年～86 年度
2	中華民國台灣地區金融統計月報	中央銀行經濟研究處	71 年～86 年度
3	中華民國台灣人口統計月刊	台灣省政府民政廳	59 年～82 年度
4	台閩地區人口統計月刊	內政部戶政司	83 年～86 年度
5	台北縣重要統計季報	台北縣政府主計室	79 年 7 月～86 年 6 月
6	台北市統計要覽	台北市政府主計處	78 年～86 年度
7	中華民國台灣地區住宅資訊統計彙報	內政部住宅資訊工作小組	80 年～86 年度

　　除了上述史料的收集外，為了瞭解板信重要事務發生的始末及影響，亦採用口述訪問的方法，對板信存續期間重要的關鍵人士，以訪談方式取得重要又寶貴的資訊（見表 1—4—7）。

表 1—4—7：口述訪談板橋信用合作社關鍵人士簡歷

順序	受訪者	訪談次數	曾任板信職務	現任板信商銀職務	備　註
1	劉炳輝	1	第 25、27 屆監事；27 屆監事主席；第 13、14 屆理事主席	董事長	
2	邱明政	3	第 7 屆理事；第 8～12 屆理事主席	永久顧問	
3	葉進一	1	第 34～37 屆監事 第 38 屆監事主席	常駐監察人	
4	郭道明	1	第 5～14 屆理事	常務董事 板信資產公司董事長	
5	陳錦成	2	總經理退休；第 13、14 理事；商銀董事	永久顧問	板信 46 年 7 月 5 日開業 47 年 3 月 1 日入社服務
6	朱茂陽	2	副總經理退休 第 13、14 屆理事	監察人	創社時元老
7	林宜火	2	第 1～4 屆監事 第 5～7 屆理事	永久顧問	創社監事之一

　　歷史的學術研究，報章雜誌的報導也是重要的史料來源。國內各重要圖

書館對各大媒體發行的報紙、雜誌的收集也不遺餘力。本文也大量採用國內報紙報導，來印證板信或其他同業所發生的業務、事件等產生的始末與原委。在這方面資訊中，以國立中央大學收藏的中文電子資料庫《聯合知識庫》中收集的《聯合報》、《經濟日報》的剪報電子資料檔爲主。

第五節　章節介紹

本文的章節共分七章，除第一章緒論、第七章結論外，主述從第二章至第六章。

第一章緒論，說明本文的研究動機與目的，時間斷限與研究範圍，研究回顧與所使用的史料。

第二章設立背景及創立經過，主述從日治時期日本總督府引進近代化金融體制後，信用組合在台灣的發展與重要性，及迄戰後的改制。再次介紹板橋地區金融單位的概況，及板橋信用合作社籌備及設立的原因與經過。

第三章組織沿革，主要介紹板信組織的沿革。說明組織設置的法令依據、職責及其功能。敘述板信的決策組織、業務組織的系統架構及運作方式等。

第四節業務與社務，第一個重點，研討主管機關嚴格管制信用合社業務的情形下，板信如何拓展業務，及利用合併永和信用的機會，突破單一業務區域的限制，獲得涵蓋台北縣 4 個縣轄市的原因；及業務區域、分社設置，對板信日後發展的影響。第二個重點在探討板信的社務發展及對地方的回饋。

第五節社會關係，以板信與地方的關係爲主要重點，從板信創立開始，說明板信與板橋地方間的關聯，其後，在業務區域擴大後，中、永和、土城地區對板信社業務發展的重要性。並敘述板橋市邱、劉、郭三大家族，在地方事務上及板信內部的互動，及如何和順的相處，有別於部分學界的研究觀點。同時簡介歷任 4 位理事主席在板信的作爲及所產生的作用。

第六章改制與合併，說明板信改制爲商業銀行的考量暨整個程序，及承受高雄五信的前因及後果。並探討主管機關在整個合併案中的角色，希望能釐清板信願意承受巨額損失的原由。

第七章結論，結論的部分則爲總結前面幾章的論述，並依前文的表述，提出個人的一些觀點與看法，以供研討。

第二章　設立的背景及創立經過

　　台灣現存的信用合作社，大部分成立於日治時期。國民政府來台初期，不許銀行新設，信用合作社亦在控管之列。板橋原有「板橋信用組合」，對區域內小工商業者與庶民的資金融通有很大的助益。戰後，「板橋信用組合」依政府政策改制為「板橋農會」，農會資金的使用，被限定在農業用途。板橋地區的小工商業者，失去資金融通的管道，隨著經濟起飛，急需金融調濟，紛紛爭取設立信用合作社。

　　民國 45 年，政府在各地人士不斷請求下，始准許台灣省新設立的 7 個縣局政府所在地，無信用合作社者，可以申請設置一家新合作社，板信是在此機緣下，得以成立的地方基層金融。

　　為了解台灣金融歷史及板信創立時的環境，本章將從日治時期、戰後等各時期台灣的金融狀況，次及板信所在地，板橋市的都市發展情形。最終研究其成立的契機，與籌設的經過。

第一節　日治時期板橋的信用組合

一、成立的背景

　　台灣在日治時期，為了開發台灣資源，壟斷台灣金融，除了政策性設置了台灣銀行等外，因為經濟上的需要，亦建立信用組合的基層金融體系，多元了台灣的金融業務。

（一）在台灣成立的銀行

日本入台後，首先出現的現代金融機構即爲日本的銀行。1895 年 9 月，大阪中立銀行搶先於在基隆開設出張所，是第一家在台灣出現的現代商業銀行。其後在台設立的銀行，根據統計日治時代先後有 17 家之多。〔註1〕

1. 台灣銀行

台灣銀行是第一家在台灣創制的銀行，台灣銀行負有「重大使命」，日本政府特別立法，屬於日本之國家銀行。於明治 32 年（1899）9 月開始營業，即成爲台灣最重要的銀行。其股東結構以日本人爲主，台灣人持股不足 8%。

2. 彰化銀行

彰化銀行之創設，與嘉義銀行，二者創立之資本均係來自「大租權補償公債」。明治 37 年（1904），總督府發放大租權補償公債後，該項公債並未受台灣人歡迎，台灣總督府爲提高台人持有公債之意願，遂大力鼓勵持有人利用公債經營事業。當時，總督府與彰化廳長認爲以此公債爲資金，創設金融機關最爲妥善。經台灣總督府力促，遂創設彰化銀行。於明治 38 年〈1905〉10 月假彰化廳之一角開業，經營一般商業銀行業務，放款以存款透支、票據貼現爲主。〔註2〕當時台灣產業以米、糖、茶等爲大宗，工商業亦以這些產業爲主，故可推斷該行放款對象亦以此等產業爲主。〔註3〕

彰化銀行資本全部來自大租權公債，其股東自應是公債持有之台灣人，但該行在創始時便有日本人 1 人參加股東，持股甚少，卻深度介入彰化銀行之最高權力機構，客戶亦以日本人爲主。〔註4〕未幾，日人持股就超過半數，台灣人股東遂成爲小股，終爲日本人所充分掌控。〔註5〕

3. 台灣商工銀行

台灣商工銀行以開發台灣中南部產業，特別以對糖、米、樟腦產業所需資金之融通爲宗旨。明治 43 年〈1910〉8 月 12 日開業，採股份有限公司組織。

〔註1〕劉寧顏總纂，袁穎生編纂，《重修台灣省通志‧卷四‧經濟志‧金融篇》（南投市：台灣省文獻委員會，1993 年），頁 539、540。

〔註2〕彰化銀行百年史編輯委員會編輯，《彰化銀行百年史》（台中市：彰化銀行，2005 年），頁 42。

〔註3〕彰化銀行百年史編輯委員會編輯，《彰化銀行百年史》頁 58、59。

〔註4〕彰化銀行百年史編輯委員會編輯，《彰化銀行百年史》頁 146、147、162。

〔註5〕劉寧顏總纂，袁穎生編纂，《重修台灣省通志‧卷四‧經濟志‧金融篇》，頁 553～556。

該行先後併入「前」台灣貯蓄銀行及嘉義銀行、新高銀行。

　　台灣商工銀行之股東持股，日本人持股占股份 75%以上。該行總行原設於阿緱（今屏東），明治 45 年〈1912〉以台北為台灣政治、經濟中心，故將總行遷移台北。〔註6〕

4. 華南銀行

　　華南銀行創設於第一次大戰即將結束之際，該行為日人所推動，負有向中國華南及南洋拓展的政治目的。股東以法人占71.9%，日本人占 7.8%，台灣人只占 14.5%。

　　華南銀行在台灣只設置總行於台北市，開業後，立即分別向華南及南洋設置分支機構。迨昭和 19 年〈1944〉，日本在各地戰爭漸失利，該行海外業務急遽萎縮，才轉回台灣島內設置分支單位。戰爭結束前，在國外僅存廣東、新加坡二處分行，戰後分別被中國農民銀行及英國東方銀行接收。〔註7〕

　　以上 4 家銀行，戰後均經中華民國政府接收、改制成為台灣的省屬行庫，並先後在板橋地區設置分行。

（二）引入信用組合

　　台灣總督府引進現代化的銀行體系，最主要目的在開發台灣的資源，進而控管台灣的金融體系，消彌民間的資金活動，以獲得殖民台灣的經濟利益。所以除了少數台灣人的產業外，銀行資金大多以供應日本人在台發展事業之用途。廣大的平民很難獲得生產、生活上必要的資金融通，只能接受民間高利貸的剝削。有鑑於此，總督府為發展台灣農村經濟，乃比照日本本土之產業組合，大力在台推動。當時台灣農村發展苦於無資金供應，確有此類平民金融之需要，加上日本總督府之鼓勵，故台灣之產業組合，尤其信用組合乃能蓬勃成長。

　　信用合作社是我國信用合作組織的名稱，日治時期稱為信用組合。台灣總督府大力在台推展「信用組合」之目的，有學者認為：

1. 開發台灣產業，總督府在台灣社會基本安定後，亟思建立台灣農村金融，進一步整合農村經濟。

〔註 6〕施炳訓編著，《第一銀行四十年誌》（台北市：第一銀行，民國 40 年），頁 19。
〔註 7〕劉寧顏總纂，袁穎生編纂，《重修台灣省通志・卷四・經濟志・金融篇》，頁 561～566。

2. 安定在台日人移民生活，台灣之銀行資金只能提供工商業貸款，來台日
人與一般台灣人一樣缺乏融通之管道，故有建立平民金融之必要。〔註 8〕

台灣之產業組合在總督府積極推動下，獲得蓬勃之發展，其中信用組合
在日治時期台灣的金融領域中，占有重要地位。

（三）信用組合之發展

近代合作運動，始於西歐，很快傳遍世界各國。日本有海上交通之便，
遂得先機，最早發展。日本於明治 33 年（1900）公布「產業組合法」，即合
作社法。未幾，日本的合作事業即蓬勃發展。〔註9〕台灣則要到明治40年〈1907〉
底，才由日人在台北發起，籌組「台北信用組合」，明治 43 年（1910）年正
式成立，此爲台北第十信用合作社前身。〔註 10〕其後在台中、馬公、台南市
等亦相繼成立。〔註 11〕截至大正 2 年（1913）日本公布「產業組合法」，施行
台灣時，〔註 12〕島內專兼營信用組合數已有 15 個單位。〔註 13〕

台灣的產業組合，因爲官方的獎勵所以快速成長，大正二年底（1913）
時，已有信用組合 13 社（單位）、信用販賣組合 2 社、購買組合 3 社，合計
18 社。後受歐洲戰爭影響，景氣轉強的刺激，各地組合乃競相設立。大正 9
年（1920）底，增加至 251 社，昭和 16 年（1941）底，組合數已有 496 社（見
表 2─1─1）。〔註 14〕

〔註 8〕 李力庸，〈日治時期桃園地區產業組合與農村經濟〉，收入林明煌主編，《戀戀
桃仔園：桃園文史研究論叢》（台北縣：華立圖書，2008 年），頁 36。

〔註 9〕 張逵編輯，《台灣地區信用合作社發展史》，（台北市：中華民國信用合作社聯
合社，1990 年），頁 16。

〔註 10〕 台北市第十信用合作社慶祝七十周年籌備委員會編編，《保證責任台北市第十
信用合作社七十年誌》（台北市：保證責任台北第十信用合作社，1981 年），
頁 1、2。

〔註 11〕 吳春來，《台灣信用合作事業之研究》（台北市：合作金融社，1973 年），頁 1。

〔註 12〕 中國合作事業協會台灣省分會合作年鑑出版委員會，《台灣省合作年鑑四十六
年版》（台北市：中國合作事業協會台灣省分會，1957 年），頁 107。

〔註 13〕 台灣總督府民政部財務局編，《台灣產業組合要覽第三次》（台北府：台南新
社報台北支局，大正 5 年），頁 1。

〔註 14〕 依據昭和 16 年，台灣產業組合聯合會編印，《第二十九次台灣產業組合要覽
附農業倉庫概況》，第 4 至 7 頁，〈（二）一般事業狀況累年比較〉，與第 8、9
頁〈第二組合數及組合員數〉，兩表計，調查組合數爲 486 社，總組合數爲 497
社。

表2－1－1：大正2年至昭和16年台灣產業組合及組合員增加趨勢

年度	台灣產業組合		日本街地信用組合		日本事業組合	
	調查組合數	組合員數	調查組合數	組合員數	調查組合數	組合員數
大正2	18	2,760	—	—	3	407
7	173	70,430	5	1,479	19	6,097
9	251	116,316	8	3,741	57	13,129
昭和3	387	233,027	21	14,135	87	21,514
7	430	268,328	22	16,475	75	19,972
11	470	371,926	22	20,595	62	22,847
12	481	389,872	22	21,229	58	17,462
13	489	448,624	21	21,288	60	18,168
14	494	520,931	22	26,224	55	19,468
15	501	609,817	25	31,864	57	21,718
16	496	645,330	25	34,969	51	20,167

資料來源：陳逢源，《台灣經濟與農業問題》〈台北市，萬出版社，昭和19年〉，頁142。

　　台灣產業組合的發展趨勢，初在城市組織，因台灣總督府及地方政府的鼓勵與獎勵，及民間的資金需求，不久即進入農村，發展迅速，尤其信用組合及專兼營信用組合最發達，大正2年即占有88.9%左右。〔註15〕當時城市的工資勞動者、公務員、公司職員等，為改善生活，對城市信用合作組合的推廣，更不遺餘力。為此，日本政府在同年11月，以告示規定：台北州的淡水街、宜蘭街、新莊街、新竹街、桃園街；台中州的豐原街、南投街、鹿港街、員林街；台南州的斗六街、北港街；高雄州：東港街；花蓮港廳的花蓮街等地，可組織市街地信用組合。這些地區先後成立的市街地信用組合，戰後都成為台灣各城市信用合作社的前身。〔註16〕

　　大正7、8（1918、1919）年，受第一次世界大戰的影響，社會、經濟繁榮一時，各種組合，如雨後春筍。大正9年（1920），全台計有各種產業組合251社，其中專兼信用組合有214社，占總數85.3%。惟發展過速，社員對合

〔註15〕台灣總督府民政部財務局編，〈台灣產業組合要覽第三次〉，頁1。
〔註16〕中華民國信用合作社聯合社編印，《台灣地區信用合作發展史》，頁332～812。

作制度，普遍缺乏認識，以致大戰結束後，又逢世界性經濟恐慌風暴，台灣信用組合深受影響，各社幾乎瀕臨破產，後經有識之士積極整頓，始見恢復。〔註17〕昭和16年（1941）全台有專營信用組合46社，兼營信用組合391社，合計437社，比例爲90％。（見表2─1─2）

表2─1─2：大正2年至昭和16年產業組合社數統計表

種別　　年度	組織別		種類別						
	有限責任	保證責任	信用	兼營信用組合	兼營販購利	販賣	購買	利用	總計
大正2	17	1	13	2	─	─	3	─	18
3	44	1	35	3	1	1	5	─	45
4	65	1	49	5	2	1	9	─	65
5	83	1	64	6	2	2	10	─	84
6	125	1	103	6	2	5	10	─	126
7	172	1	145	9	3	5	11	─	173
8	215	1	178	11	6	6	15	─	216
9	250	1	196	18	14	6	17	─	251
10	263	1	204	21	19	2	18	─	264
11	289	1	219	26	18	2	21	3	290
12	308	2	231	30	22	3	21	3	310
13	321	2	237	33	22	3	24	4	323
14	337	2	226	47	26	3	21	3	339
昭和1	351	2	211	84	27	3	24	4	353
2	375	2	212	103	25	3	27	7	377
3	335	2	202	118	28	5	27	7	387
4	396	2	189	138	31	3	28	9	398

〔註17〕吳春來，《台灣信用合作事業之研究》，頁3。

種別\年度	組織別		種類別						
	有限責任	保證責任	信用	兼營信用組合	兼營販購利	販賣	購買	利用	總計
5	405	2	170	161	35	3	27	10	407
6	415	2	146	192	33	3	32	11	417
7	424	6	143	212	28	3	34	10	430
8	417	20	119	246	27	2	35	8	437
9	333	113	90	291	21	2	35	7	446
10	234	228	65	332	22	2	34	7	462
11	128	349	59	354	21	1	35	7	477
12	68	413	57	366	16	1	35	6	481
13	64	425	52	377	18	1	37	4	489
14	72	422	50	389	13	1	37	4	494
15	74	427	47	397	13	1	39	4	501
16	67	419	46	391	11	1	35	2	486

資料來源：依據台灣產業聯合會編，《第二十九次台灣產業組合要覽附農業倉庫概況》，頁 8、9 整理。

日治時期台灣的合作金融，無論農村或城市的信用組合，自開辦業務以後，一般放款多超過存款（見表 2—1—3）。可見當時台灣平民金融機關之缺乏，合作金融一出現，農民及中小工商業者，為擺脫高利貸羈絆，立即紛紛向信用組合借款。而放款資金來源，多由日本政府以長期低利資金支應；從台銀或其他銀行得到的貸款融通，只占信用組合借入款的小部分；其金額尚低於信用組合存入銀行內的存出款（見表 2—1—5）。這種放款超過存款的現象，城市（市街地）信用組合於昭和 7 年（1932），農村（街庄）信用組合在昭和 13 年（1938），才逐漸扭轉（見 2—1—3；2—1—4）。〔註18〕

〔註18〕中國合作事業協會台灣省分會合作年鑑出版委員會編，《中華民國台灣省合作年鑑》，頁 136、137。

表 2─1─3：大正 7 年至昭和 16 年台灣市街地信用組合各項統計表

單位：千圓

種別 年度	總組合數（社）	組合員數（人）	週轉資金				業務		餘裕金	盈餘
			自有	借入款	存款	合計	放款	票貼		
大正 7	5	1,479	709	89	119	918	396	575	＊ 2	86
8	6	2,437	1,042	302	310	1,655	1,500	260	＊ 5	143
9	8	3,741	1,529	273	777	2,580	2,402	207	＊162	214
10	9	4,652	2,111	224	1,635	3,970	3,791	24	277	294
11	12	6,269	2,587	290	2,670	5,567	4,968	16	766	354
12	17	9,642	3,318	255	4,179	7,753	6,482	54	1,159	377
13	19	10,373	3,736	133	6,401	10,272	7,468	141	2,982	445
14	19	10,071	3,934	140	8,423	12,498	8,508	357	3,967	482
昭和 1	21	11,416	4,112	144	9,523	13,780	9,325	554	4,150	586
2	21	12,581	4,235	76	9,957	14,270	10,233	737	3,611	558
3	21	14,135	4,364	61	11,206	15,632	11,640	819	3,427	614
4	21	15,017	4,743	199	11,631	16,575	12,506	753	3,658	632
5	21	14,939	4,981	61	11,728	16,771	13,316	124	3,033	661
6	21	15,152	5,152	35	12,759	17,946	13,784	668	3,743	578
7	22	16,475	5,389	118	15.229	20,807	14,214	659	5,938	573
8	22	17,512	5,521	144	16,632	22,298	14,562	675	6,788	472
9	22	18,475	5,700	162	17,706	23,568	15,116	720	6,438	564
10	22	19,385	5,927	118	19,468	25,514	15,929	736	8,637	578
11	22	20,595	6,021	213	20,711	26,947	17,421	643	8,736	558
12	22	21,229	6,461	339	20,419	27,220	18,645	599	7,626	634
13	21	21,288	6,632	112	25,785	32,605	18,636	634	12,7862	641
14	22	26,224	7,173	117	25,737	43,028	21,320	800	21,707	690
15	25	32,865	8,168	999	46,499	55,668	29,897	1,130	25,091	800
16	25	34,969	9,582	608	50,996	61,187	32,610	1,066	25,268	809

資料來源：依據昭和 18 年，台灣產業組合聯合會編，《第二十九次台灣產業組合要覽附農業倉庫概況（昭和十六年）》，頁 6、7 資料整理。

說明：一、表內金額千圓以下全部捨棄不計。

二、週轉資金內之「自有」項目包含已繳清股金、準備金、其他公積金等 3 項。

三、有米符號之餘裕金內包含現金、保管款、有價證券。

表2－1－4：大正2年至昭和16年台灣街庄信用組合各項統計表

單位：千日圓

種別 年度	總組合數	組合員數（人）	週轉資金				業務			
			自有	借入款	存款	合計	放款	其他	餘裕金	盈餘
大正2	15	2,353	496	114	84	695	694	—	—	28
3	38	4,804	942	129	154	1,226	1,277	11	—	139
4	54	21,925	1,596	232	385	2,214	2,114	157	258	208
5	70	28,109	2,229	327	1,032	3,589	3,354	196	455	316
6	109	44,626	3,877	670	2,403	6,956	5,687	241	1,091	454
7	149	62,853	4,347	1,525	4,591	10,464	9,823	409	1,704	639
8	183	83,544	5,649	2,847	5,218	14,714	14,261	819	1,483	986
9	206	99,446	9,587	3,335	3,725	16,643	16,437	733	1,518	1,383
10	216	104,927	11,374	3,013	5,108	19,495	18,283	810	2,288	1,316
11	234	113,342	12,169	2,771	5,678	20,619	19,357	912	—	1,348
12	242	118,449	12,206	2,308	7,517	22,031	18,581	1,001	—	1,304
1	251	127,352	12,117	1,771	13,857	27,747	18,908	1,405	—	1,334
14	267	145,796	12,686	1,501	17,642	31,830	22,181	802	—	1,471
昭和1	274	158,067	13,440	1,666	18,484	33,592	25,777	1,495	—	1,671
2	294	176,233	14,662	1,875	20,833	37,370	29350	1,250	8,053	1,809
3	299	197,378	16,015	3,114	23,417	42,547	31,357	1,425	7,335	2,023
4	306	209,768	17,055	5,238	24,968	47,282	39,892	1,342	6,950	2,147
5	311	218,347	17,863	7,068	22,686	47,617	41,596	1,662	5,395	1,977
6	317	223,595	18,461	7,669	24,797	51,107	43,261	2,599	6,911	1,727
7	333	231,831	18,970	6,550	31,928	57,149	43,837	5,360	12,781	1,826
8	343	254,140	19,580	8,058	35,489	63,128	47,771	11,516	12,244	1,611
9	359	276,834	20,165	8,809	47,566	76,540	51,587	24,300	20,380	1,793
10	375	301,968	21,217	14,055	58,103	93,376	60,852	32,400	24,345	1,881

種別\年度	總組合數	組合員數（人）	週轉資金				業　務			
			自有	借入款	存款	合計	放款	其他	餘裕金	盈餘
11	390	328,484	22,075	17,988	66,156	106,222	74,023	38,811	21,720	2,140
12	401	351,180	23,676	24,191	63,484	111,352	81,896	38,562	16,362	2,204
13	408	409,168	25,394	18,343	87,127	130,870	82,377	42,266	33,114	2,397
14	417	475,239	27,454	18,431	119,710	165,596	95,399	58,473	45,516	2,554
15	419	555,235	29,496	29,982	130,459	189,938	116,082	86077	34,593	2,655
16	418	590,194	31,143	25,721	142,684	199,549	125,125	65,829	38,524	2,287

資料來源：依據昭和18年，台灣產業組合聯合會編，《第二十九次台灣產業組合要覽附農業倉庫概況（昭和十六年）》，頁4、5資料整理。

說明：一、表內金額千圓以下捨棄不計。

二、週轉資金內之「自有」項目包含已繳清股金、準備金、其他公積金等3項。餘裕金包含現金、保管款。

三、金融機構之準備金，係平時保留一定比率之存款，已備存戶日常提領。公積金爲每年自年度盈餘提撥一定成數之金額，以備日後作爲彌補虧損之用。餘裕金爲未有特定用途之資金，一般視爲濫頭寸。

表2—1—5：昭和2～13年臺灣銀行貸放信用組合資金及信用組合存出款比較　　　　　　　單位：千日圓

年　度	信用組合的借入款	臺銀貸放信用組合資金	農村信用組合存出款	市街地信用組合存出款	信用組合存出款合計
昭和2（1927）	1,951	688	7,231	2,473	9,704
3	3,175	1,089	6,509	2,594	9,103
4	5,438	1,750	6,147	2,430	8,577
5	7,129	1,955	4,664	1,786	6,450
6	7,704	838	6,105	2,558	8,663
7	6,668	509	11,740	4,664	16,404
8	8,203	901	11,345	5,643	16,988
9	8,971	890	19,108	5,771	24,879

年　度	信用組合的借入款	臺銀貸放信用組合資金	農村信用組合存出款	市街地信用組合存出款	信用組合存出款合計
10	14,173	2,146	22,795	7,186	29,981
11	18,202	3,519	20,008	7,118	27,126
12	24,531	6,321	14,493	5,884	20,377
13	18,460	2,543	30,881	10,922	41,803

資料來源：臺銀貸放金額係依據名倉喜作編纂，《臺灣銀行四十年誌》（台北市：株式
　　　　　會社台灣銀行，昭和 14 年），頁 138、139；信用組合依據台灣產業組合聯
　　　　　合會編，《第二十九次台灣產業組合要覽及附農業倉庫概要》，及台灣總督
　　　　　府編，《台灣產業組合要覽》第二十次至第二十九次內容整理（昭和 7～16
　　　　　年）。

（四）街庄產業組合併入農業會

　　昭和 18 年（1943），日本在太平洋戰爭節節失利，其國力已趨衰竭，為
擷取台灣的資源，故加強農村經濟及金融統制。台灣總督府乃於年底，公布
「台灣農業會令」，改變合作社體制。昭和 19 年（1944），將全台農村的「產
業組合」（街庄兼營信用業務之組合）與農會合併為「農業會」，於農業會下
設置「金融部」，以辦理信用業務。並頒布「市街地組合法」，以管理城市的
信用組合，直至昭和 20 年（1945）8 月 15 日，日本投降。〔註 19〕

　　從此，合作組織有兩種經營型態，「市街地信用組合」成為純粹辦理合作
金融的機構；「街庄農業會」除辦理金融業務外，並兼辦運銷、供銷、倉庫等
業務，此外亦負有增進農業技術的任務。戰後，依據我國「農會法」，將日治
末期的「農業會」改組為「農會」，設置「農會信用部」，辦理農村金融業務，
各地農會信用部逐成為台灣重要之基層金融機構之一。〔註 20〕

二、戰前板橋地區的金融狀況

　　板橋地區的金融活動，在日治之前文獻並無何記載，民間高利借貸則很
普遍，在《林衡道訪談錄》裡，也證實這種放高利貸的事情。日治之後，板
橋地區要到大正 7 年以後才有現代之金融機構設立。

〔註 19〕吳春來，《台灣信用合作事業之研究》，頁 7。
〔註 20〕劉寧顏總纂，袁穎生編纂，《重修台灣省通志・卷四・經濟志・金融篇》，頁
　　　　686。

（一）彰化銀行板橋支店

台北縣最早設立的銀行，是明治 32 年（1899）的台灣銀行滬尾（淡水）出張所；再次是，大正 7 年（1918），在板橋設立的彰化銀行板橋支店，初為枋橋出張所，昭和 4 年（1929）升格為板橋支店。〔註 21〕當時板橋街人口約 16,000 人左右，因為「林本源」家族關係，特別設立用來服務林氏家族的產業。〔註 22〕

板橋支店屬於分行，一般分行的統計資料較難取得，就現有資料，僅知在昭和 7 年，該支店之放款總額有 1,225,893.06 圓，存款有 2,803,787.13 圓。〔註 23〕

（二）板橋信用利用組合

在大正 2 年之前，台灣之金融機構，僅有台灣銀行、三十四銀行之分行、貯蓄銀行三家銀行，能夠獲得銀行資金周轉的企業，只有極少數的日人公司，是一個一般金融匱乏的時代。所以台灣人的小企業，只有依賴高利貸者、或民間合會，獲取所需之資金營運。台灣總督府認為，要發達台灣的資本主義，有必要在台建立一般的金融機制。於是將日本國內的產業組合法，刪除有關成立聯合會、中央會等條文後，頒布「產業組合法」延用於台灣，同時公布「台灣產業組合規則」。〔註 24〕並大力推展，於是興起台灣的產業組合事業。

「板橋信用組合」創立於大正 7 年（1918）3 月 7 日，正逢第一次大戰時的景氣繁榮期，並受台灣總督府及地方政府之鼓勵，由當時任板橋庄長林清山與有志者所共謀創立。籌組之初，即獲熱烈回應，以每股股金 20 日圓，共召募組合員 672 名，股金總額 57,520 圓。初名為「有限責任枋橋信用組合」〔註 25〕，較彰化銀行板橋出張所早 6 個多月開業。組合長由林清山擔任，專務理事（總經理）為徐朝鳳。

板橋信用組合成立後，即由林清山家族長期主事，大正 10 年（1921）組合長改由堂弟林清富擔任。林清山先祖與林成祖同宗，曾同參與板橋的

〔註 21〕 盛清沂、吳基瑞編纂，《板橋市志》，頁 418。
〔註 22〕 參見附錄九朱茂陽訪談紀錄。
〔註 23〕 淀川喜代治編，《板橋街誌》，頁 165。
〔註 24〕 陳逢源，《台灣經濟與農業問題》（台北市：萬出版社，昭和 19 年），頁 138。
〔註 25〕 台灣總督府編，《臺灣產業組合要覽第六次》（台北市：台灣總督府，大正 10 年），頁 16。

開發。〔註 26〕第一任專務理事徐朝鳳亦爲板橋世家之一；戰後爲厚生企業之創立人，及板橋信用合作社創社理事之一。第二任組合長林清富，爲海山自動車會社董事長，並代理公賣品經銷等事業，擔任組合長先後近 22 年。第二任常務理事林平州，亦爲林清山之子姪輩，擔任該項職務先後 16 年。〔註 27〕

　　板橋信用組合初期以信用業務爲主，大正 11 年 6 月，因組合員多爲農民，〔註 28〕部分農業機具設備昂貴，爲輔助農業組合員之生產，乃購置農業設備，增加營業項目，並更名爲「有限責任板橋信用利用組合」，成爲兼營之信用組合。昭和 7 年（1932）日本全國產業組合大會通過，提倡農村產業組合必須兼營信用、販賣、購買、利用等四種事業，爲響應號召，板橋信用組合先增加購買業務，二次更名爲「有限責任板橋信用利用購買組合」〔註 29〕。昭和 9 年（1934）7 月，又因應台灣總督府爲強化產業組合之運動，將生產、生活上之需求機能，加諸於各地產業組合上，遂增加業務，〔註 30〕復更名爲「保證責任板橋信用利用購買販賣組合」〔註 31〕（簡稱板橋信用組合）。

〔註 26〕參見附錄八郭道明訪談紀錄。

〔註 27〕海山郡產業組合共榮會編，《昭和十三年海山郡產業組合要覽》（台北市：光文印刷株式會社，昭和 14 年），頁 10。

〔註 28〕海山郡產業組合共榮會編，《昭和十五年海山郡產業組合要覽》（台北市：海山產業組合共榮會，昭和 16 年），頁 4。昭和 15 年板橋信用組合之農業組合員有 1,281 人，占全體組合員 2,786 人之 46%。

〔註 29〕板橋市農會編，《板橋市農會創立 87 周年暨第十四屆選選任人員紀念刊》（板橋市：板橋市農會，2005 年），頁 20。

〔註 30〕李力庸，〈日治時期桃園地區產業組合與農村經濟〉，收入林明煌主編，《戀戀桃仔園：桃園文史研究論叢》，頁 42。產業組合的責任組織分爲有限責任、無限責任與保證責任三種。有限責任的對外負債以組合員全部出資爲限度；無限責任之組合員則負擔無限責任；保證責任以出資之一定保證額度負擔債務責任。

〔註 31〕板橋市農會編，《板橋市農會創立 87 周年暨第十四屆選選任人員紀念刊》，頁 20。

表 2─1─6：板橋信用組合大正 7 至昭和 7 年業務統計表　　單位：日圓

年度	會員數（人）	股數（口）	股金總數	已繳清股金	公積金	借入款項	自有資金	存款	放款	盈餘
大正 7	672	2,876	57,520	17,248	13	14,000	59,599	71,946	96,668	20,066
8	773	3,192	44,588	44,588	1,561	38,000	72,007	86,295	173,547	6,605
9	789	3,286	58,676	58,676	6,165	39,500	84,694	72,263	177,378	12,809
10	804	3,314	65,660	65,660	14,052	8,000	90,796	89,824	165,941	10,462
11	891	3,372	65,730	65,730	19,200	23,237	100,641	87,539	193,935	14,001
12	918	3,294	64,250	64,250	26,514	6,781	105,230	152,529	222,522	12,825
13	945	3,409	64,870	64,870	32,799	6,110	113,351	241,360	232,645	14,372
昭和元年	1,002	3,129	62,479	62,479	42,307	4,634	119,504	337,203	325,884	14,462
2	1,027	3,078	61,560	61,560	38,433	3,821	116,012	376,465	273,810	14,752
3	1,058	3,069	61,380	61,380	44,272	2,956	120,748	380,317	586,223	15,095
4	1,048	3,059	61,180	61,180	56,741	2,033	127,696	440,915	343,471	16,131
5	1,035	2,962	59,240	59,240	55,972	1,049	131,746	255,756	360,158	16,118
6	1,032	2,763	55,260	55,260	60,895	－	136,037	259,717	329,294	15,729
7	1,077	2,804	59,080	55,075	66,630	－	138,941	377,188	318,044	14,143

資料來源：淀川喜代治編，《板橋街誌》，頁 168、169。

　　板橋信用組合之金融業務皆歸信用部門辦理，〔註 32〕歷年業務狀況，會務經營均穩定發展（見表 2─1─6 及 2─1─7）。大正 9 年（1920）的日本經濟不景氣，曾嚴重影響台灣許多的產業組合，〔註 33〕板橋信用組合仍能持續成長，整體會務、業務領先台北州海山郡各產業組合（見表 2─1─8）。組合員之組成，以從事農業者多占 46%，其次從事商業者約占 19%。放款用途則以商業用途占大宗，有 38.68%；農業用途占 34%。（見表 2─1─9）

〔註 32〕淀川喜代治編，《板橋街誌》，頁 165。
〔註 33〕李力庸，〈日治時期桃園地區產業組合與農村經濟〉，收入林明煌主編，《戀戀桃仔園：桃園文史研究論叢》，頁 48。

表2-1-7：板橋信用組合昭和7～16年業務統計表　　單位：日圓

年度(昭和)	組合員數	股金股數	股金總額	已繳清股金	準備金	可運用資金				放款	各項業務量				餘裕資金		盈餘損失
						各項公積	借入款	存款	合計		銷售額	購買品銷售額	設備組金及加工費	存入款	有價證券	現金	
7	1,072	2,804	56,080	55,075	52,400	16,317	—	377,188	500,980)	318,044	—	—	3,468	135,105	—	6,527	14,143
8	1,166	2,716	54320	53,285	53,480	16,773	5,000	354,539	483,077	291,859	—	4,368	2,494	138,394	765	4,375	12,097
9	1,195	2,494	49,880	48,715	54,950	17,495	20,798	492,313	634,271	346,561	29,900	29,629	2,507	162,292	—	5,892	12,695
10	1,316	2,446	48,920	47,635	50,902	27,583	48,320	533,565	708,005	353,894	59,421	45,385	6,395	167,887	4,704	68,690	12,737
11	1,366	2,436	48,720	48,180	51,131	32,654	16,415	591,744	788,844	477,327	96,517	96,621	5,340	72,923	4,946	61,777	17,088
12	1,378	2,430	48,600	48,450	50,187	41,276	33,256	586,498	—	541,844	134,703	98,575	6,588	13,077	—	4,115	17,443
13	2506	3,838	76,760	62,445	45,669	45,520	2,770	726,386	—	476,590	203,107	128,527	7,194	200154	—	3774	18,859
14	2,789	4,374	87,480	77,010	51,921	48,998	18,259	941,636	—	648,486	319,437	183,757	8,036	40,233	—	32,149	18,269
15	2,778	4,461	89,220	87,200	56,533	55,575	1,739	942,778	—	661,769	487,354	360,951	10,916	—	2500	14,137	12,078
16	2,799	4,445	88,900	87,955	91,669	26,438	1,186	1,119,589	—	641,098	109,245	195,155	12,177	364,787	60,270	7,869	12,775

資料來源：依據台灣總督府編，《台灣產業組合要覽》第二十次至第二十九次內容整理（昭和7～16年）。

說明：一、販賣事業係以銷售組合員生產之農產品為主，如米、茶、柑橘、魚類、竹籠等為大宗。

　　　二、購買事業以進貨日常用品（消費品）為主，產業用品以肥皂、蔴袋、漁業用品為大宗；經濟用品以米、雜糧、酒、茶、調味料為主。

表2－1－8：昭和15年台北州海山郡產業組合成績概況　　單位：日圓

組合別＼項目	板橋	中和	樹林	鶯歌	柑園	三峽	土城
組合員數	2,786	1,943	1,575	1,399	411	2,525	1,223
每股金額	20	6	20	12	10	10	15
總股數（股）	4,452	2,740	2,277	1,648	947	4,201	1,606
總股金	89,040	16,440	45,520	19,776	9,470	42,010	24,090
公積金	109,322	21,154	135,447	39,015	5,632	43,401	7,450
借入款	2,007	138,653	150,000	5,602	27,908	～	25,598
存出款	170,931	59,462	236,684	95,968	16,677	310,069	68.623
存　款	1,026,393	401,979	597,757	400,717	127,752	673,955	306,361
放　款	654,008	328,423	184,751	231,365	73,893	303,123	157,681
販賣額	646,491	333,081	824,439	304,382	212,883	159,432	～
購買出售額	282,500	374,262	630,557	142,898	129,004	267,936	417,798
利用收入	8.892	2,169	16,291	1,116	1,445	386	2,289

資料來源：一、依據海山郡產業組合共榮會編，《昭和十五年海山郡產業組合要覽》（台
　　　　　　　北市：海山產業組合共榮會，昭和16年），頁3。
　　　　　二、每股金額係依據台灣產業組合聯合會編，《第二十九次台灣產業組合要
　　　　　　　覽附農業倉庫概況》（台北市：台灣產業聯合會，昭和18年）。

表2－1－9：昭和15年板橋信用組合組合員職業及放款用途統計

＼項目　職業別	組合員（人）	放款		
		件數	金額（日圓）	百分比％
農業	1,281	883	222,530	34.03
商業	518	691	252,942	38.67
工業	142	140	51,728	7.91
其他	845	299	126,808	19.39
合　計	2,786	2,013	654,008	100.00

資料來源：依據海山郡產業組合共榮會編，《昭和十五年海山郡產業組合要覽》，頁4、5。

　　板橋信用組合營運至昭和 19 年（1944）初，因日本政府頒佈「農業會法」，遂依命令改稱板橋農業會，金融業務仍歸信用部。〔註 34〕戰後依我國法令改制爲板橋鎮農會信用部。

　　除了上述二家金融機構外，戰前，板橋地區其他金融機構的資料則非常有限。

第二節　板信的成立

　　第二次大戰結束時，台灣的金融機構計有 30 餘單位（各地信用合作社與農會信用部除外）。經過政府接收、檢查、改組等程序，最後將日治時期在戰前尚存的 7 家銀行改組成台灣銀行等 5 家；產業金庫改制爲合作金庫。

　　戰前，3 家無盡會社經合併改組爲台灣合會儲蓄股份有限公司（台灣中小企銀），農業會則先分割爲農會及鄉鎮合作社，38 年又合併成各鄉鎮農會，合作社改爲農會信用部。位於都會區的市街地信用組合及各種兼營信用組合，經接收、改組爲各地專兼營信用合作社。於是台灣的信用合作社、農會信用部及中小企銀遂成爲台灣重要的基層金融。

一、戰後台灣的金融改制

（一）銀行的接收改組

　　1. 台灣銀行爲台灣的金融樞紐，乃最先完成清理，於民國 35 年 5 月完成改組，成爲現在之台灣銀行。同年 7 月接收日人設立之三和銀行及分行。9 月續將日本的台灣貯蓄銀行接收，改組成台銀儲蓄部。

　　2. 台灣土地銀行

　　亦於 35 年 9 月改組成立，乃接收日本勸業銀行在台灣之 5 處分行所新設成立的。

　　政府接收後，以在台實施土地政策，需有賴金融力量之協助推行，乃將勸業銀行改設爲台灣土地銀行，成爲台灣唯一經營不動產信用兼農業信用之銀行。

　　其後，隨著台灣經濟起飛，國民生活水準提升，住宅需求殷切，該行配

〔註34〕 盛清沂、吳基瑞編纂，《板橋市志》，頁 418。

合政府政策推出各類住宅貸款，負擔起台灣「住宅金融」之重大任務。〔註35〕

3. 第一銀行

由日本台灣商工銀行改制，初期仍沿用原名，民國 36 年改爲台灣工商銀行，38 年再改爲「台灣第一商業銀行」。〔註36〕該行板橋分行於民國 59 年開業，68 年華江分行設立，兩家分行的存、放款約爲板信一個分社的規模（見表 2－2－1）。

表 2－2－1：民國 84 年板信板橋地區分社與第一銀行板橋分行業務比較

單位：億元

存放款別	板　信					第一銀行	
	總社	後埔	埔墘	華江	民族	板橋	華江
存款	113.6	97.3	53.9	64.6	60.8	46.0	42.9
放款	76.7	60.9	34.2	42.3	43.7	28.5	16.4

資料來源：依據 00－85－86－100－6，〈板橋信用合作社 85 年度 1 月份理事會紀錄·附件〉（85 年 1 月 8 日）；第一銀行依據《續修台北縣志·卷六·經濟志·》，頁 56、57 整理。

4. 彰化銀行

民國 36 年 2 月改組完成，爲台灣省彰化商業銀行，爲日治時期即在板橋設置據點的第一家銀行。

5. 華南銀行

同於 36 年 3 月，經接收改組成爲華南商業銀行；5 月再將日治時期台灣信託株式會社改制、合併，成爲華南商業銀行信託部。該行至 63 年始於板橋地區設立分行。〔註37〕

〔註35〕台灣土地銀行五十年編輯委員會編纂，《台灣土地銀行五十年》（台北市：土地銀行，民國 85 年），頁 59。

〔註36〕第一銀行九十年編輯委員會編纂，《第一銀行九十年》（台北市：第一銀行，民國 78 年），頁 1。

〔註37〕華南銀行改制四十年編輯委員會編纂，《華南銀行改志四十年》（台北市：華南銀行，民國 76 年），頁 29。

表 2－2－2：戰後中華民國政府接收、改制銀行一覽表

成立日期	新銀行名稱	接收、改組之銀行	備　註
35 年 5 月 20 日	台灣銀行	1. 台灣銀行 2. 三和銀行（35 年 7 月 1 日併入） 3.「後」台灣貯蓄銀行（35 年 9 月 1 日改組爲儲蓄部）	民國 50（1961）年以前代理中央銀行業務
35 年 9 月 1 日	台灣土地銀行	日本勸業銀行	台灣省屬行庫
35 年 10 月 5 日	台灣省合作金庫	台灣產業金庫	台灣省屬行庫
36 年 3 月 1 日	彰化商業銀行	彰化銀行	台灣省屬行庫
36 年 3 月 1 日	台灣工商銀行	台灣商工銀行	1. 38 年 3 月改名爲：台灣第一商業銀行 2. 64 年 9 月改爲：第一商業銀行 3. 台灣省屬行庫
36 年 3 月 1 日	華南商業銀行	1. 華南銀行 2. 合併台灣信託公司（日治時期之台灣信託株式會社）成立信託部	台灣省屬行庫

資料來源：劉寧顏總纂，袁穎生編纂，《重修台灣省通志・卷四・經濟志・金融篇》，頁 543～576 整理。

（二）改組合作金庫

　　日治時期台灣經營合作金融業，只有各自獨立營業的專兼營信用組合，後以信用組合業務蓬勃發展，各信用組合亦需資金調劑機構。日本政府，乃於昭和 16 年（1941），准予台灣設立「台灣產業組合聯合會」（簡稱聯合會），〔註38〕作爲調劑全臺信用組合資金的機構。1944 年時，台灣實施農業團體統一辦法後，遂將「聯合會」與街庄產業組合併入農業會；另外成立「台灣產業金庫」，〔註39〕接辦「組合聯合會」之金融業務，此即今日的台灣合作金庫之前身。〔註40〕

　　戰前台灣金融型態，經政府接收、改制後，原則上仍維持原有基層金融

〔註38〕台灣省合作金庫研究室編，《臺灣省合作金庫十年志》（台北市：台灣省合作金庫，1956 年），頁 42。

〔註39〕台灣省合作金庫研究室編，《臺灣省合作金庫十年志》，頁 44。

〔註40〕陳岩松，《中華合作事業發展史》（台北市：台灣商務印書館，1983 年），頁 370、371。

機構的型態，以是日治時期組設之「台灣產業金庫」，仍有設置之需要。在經政府檢查、監理後，改組爲台灣省合作金庫，於民國 35 年 10 月正式成立，總庫設置於台北市。〔註41〕

（三）信用合作社的改制

民國 35 年，台灣省合作主管機關接收各地產業組合，將各種組合分別改組爲各類合作社。其中信用合作社部分，分兩方面進行：

（一）將原併入鄉鎮農業會的經濟部門，改組爲兼營信用業務的鄉、鎮合作社。

（二）將原有各市街地專兼營信用組合，分別改組爲專營信用合作社、建築信用合作社、土地暨倉儲信用合作社等。改組工作於 35 年底完成，全台鄉、鎮、市合作社計改組爲 273 家鎮、鄉合作社；54 家專兼信用合作社。〔註42〕（見表 2－2－3）

信用合作社中，專營性用合作社計 39 社，占 72%以上，其他兼營信用合作社 15 社，大部分集中於都市。〔註43〕台灣日治時期專營信用合作社，尚不止此數，除解散外，於民國 36 年以後再陸續予以改組，至 45 年專兼營信用合作社計有 76 社，並有 38 個分支單位。〔註44〕（見表 2－2－4）

民國 38 年，因戰後將日治之農業會，劃分爲農會及鄉鎮合作社兼營信用業務，改組後的各級農會，以資金缺乏，業務未能開展。政府遷台後人口遽增，爲掌握糧食，以供養民食，需增加米穀生產，及肥料供應等原因，時須農會業務之配合。〔註 45〕政府再度將兼營信用業務的鄉鎮合作社，與農會強制合併，改組成爲鄉、鎮農會屬下的信用部，辦理農業信用業務。從此，台灣只剩下城市的專、兼營信用合作社。〔註46〕

〔註41〕劉寧顏總纂，袁穎生編纂，《重修台灣通志·卷四·經濟志·金融篇》，頁 646、647。

〔註42〕中國合作事業協會台灣省分會合作年鑑出版委員會，《台灣省合作年鑑，七十五年版》，頁 181。

〔註43〕中國合作事業協會台灣省分會合作年鑑出版委員會，《台灣省合作年鑑，四十六年版》，頁 184。

〔註44〕中國合作事業協會台灣省分會合作年鑑出版委員會，《台灣省合作年鑑，四十六年版》，頁 185。

〔註45〕安德生著（W.A.Anderson）夏之驊、蔡文希、龔弼繹，《農會與合作社之合併》（台北市：中國農村復興聯合委員會，民國 38 年），頁 6。

〔註46〕吳春來，《台灣信用合作事業之研究》，頁 8、9。

表2-2-3：台灣專兼營信用合作社35年改組情形統計表

單位：舊台幣千元

性　質	社　數	社員數（人）	股　數	已繳股金	備　註
信用合作社	54	53,289	786,183	7,599	包括建築、土地、倉儲信用合作社
鎮合作社	65	172,482	1,129,136	11,886	兼營信用合作社
鄉合作社	208	370,606	1,852,937	108,089	兼營信用合作社
總　計	327	596,386	3,768,256	127,575	

資料來源：中國合作事業協會台灣省分會編，《中華民國台灣省合作年鑑》，民國46
　　　　　年版，頁182。

表2-2-4：台灣省各縣市專兼營信用合作社、分社比較表

（民國45年底）

縣市別	信用合作社數	分　社	
		單位數	百分比%
基隆市	2	2	5.26
台北市	15	2	5.26
台中市	11	10	26.32
台南市	7	8	21.05
高雄市	5	15	39.48
屏東縣	2	1	2.63
台北縣	2	—	—
新竹縣	6	—	—
苗栗縣	1	—	—
桃園縣	1	—	—
台中縣	1	—	—
彰化縣	10	—	—
雲林縣	2	—	—
嘉義縣	4	—	—
高雄縣	2	—	—
澎湖縣	2	—	—
台東縣	1	—	—
花蓮縣	2	—	—
總　計	76	38	100%

資料來源：中國合作事業協會台灣省分會編，《台灣省合作年鑑，四十六年版》，頁185。

　　經過接收、改制後，日治時期的農村產業組合，極大部分被歸併爲各地農會信用部，使台灣信用合作社的總體規模大幅縮減。以存款比較，於昭和11年時，台灣全體專兼營信用組合的存款總額，約爲全台銀行體系的48.6%；民國44年時，74家改制完成的信用合作社存款，與銀行體系比較僅存5.8%，盛況不再；後經各地業界數年之努力經營，民國50年6月時統計，79家信用合作社之存款比率，已恢復至31.49%，其中台中市、高雄市兩市各社之存款金額合計，甚至超過兩市內全體行庫存款之總額，頗有恢復日治時期信用組合的氣勢（見表2-2-5）。

表2-2-5：台灣全體信用合作社（信用組合）存款與全體銀行比較表

單位：千元

時　間	信用合作社（信用組合）	行　庫	百分比%	備　註
昭和11年(1936)	87,570	180,366	48.60	日圓
民國44年	286,084	4,900811	5.84	
50年	1570822	4,987,224	31.49	

資料來源：一、昭和11年資料依據陳逢源，《新台灣經濟論》，頁84。見表7「內鮮　　　　　　台銀行與信用組合之比較」。

　　　　　二、民國44年資料依據中國合作協會台灣省分會編，《台灣省合作年鑑四十六年版》，頁192、193。見「台灣省專兼營信用合作社存款餘額與各行庫比較表」。

　　　　　三、民國50年資料依據中國合作協會台灣省分會編，《台灣省合作年鑑五十一年版》，頁66、67。見「台灣省各縣市信用合作社存款餘額與各行庫比較表」。

（四）創立前板橋地區的金融狀況

　　板橋市之金融機構，於日治期間僅有二家。戰後，縣治設於板橋，因交通發達，工商繁榮，成爲台北市外圍重要衛星都市，境內金融機構，至民國46年，板信成立前，已有5家，分別爲：

1. 板橋市農會信用部

　　板橋市農會信用部，即原「板橋信用組合」，昭和19年〈1944〉初，併入板橋農業會。戰後，依法改組爲板橋鎮合作社及鎮農會。民國38年11月，復奉令與鎮農會合併，改組爲板橋鎮農會信用部。鎮農會業務以信用、供銷、

利用、農倉為主，兼辦農業指導，代理合作金庫，代辦鎮公庫〈民國 42 年，合作金庫板橋支庫設立，乃撤銷。〉，信用業務則由信用部辦理。〔註47〕板信成立後，兩機構一直處於競爭地位。

2. 彰化商業銀行板橋分行

彰化商業銀行板橋分行成立於大正 7 年（1918），初為彰化銀行枋橋出張所。昭和 4 年（1929）升格為支店。民國 36 年改為彰化商業銀行板橋分行，為板橋地區戰前成立的二家金融機構之一。

3. 台灣銀行板橋分行

台灣銀行成立於民國 36 年 11 月，板橋係縣治所在地，初為台灣銀行板橋辦事處。45 年 4 月升格為分行。業務以調劑金融，扶助經濟建設，發展生產事業為宗旨。〔註48〕並依規定代理縣庫總庫及全縣 29 鄉鎮市庫業務。〔註49〕

4. 台灣省合作金庫板橋支庫

台灣省合作金庫（簡稱：合作金庫），於民國 35 年 10 月改制完成，由台灣省政府及各級各種合作社團，包括信用合作社、各種合作社、合作農場、農會、漁會及農田水利會等，共同組成的上級合作金融機構。以調劑合作事業暨農漁業金融，發展國民經濟建設為宗旨。〔註50〕合作金庫板橋支庫於 41年 10 月成立，〔註51〕板信成立後，板橋支庫歷任經理對板信業務之輔導，頗盡職責，板信對該支庫之轉存款業務，一直有相當的比例。

表 2－2－6：民國 83、84 年合作金庫存款業務及板信轉存款統計

單位：億元

年　度	合作金庫存款業務	板信轉存合庫	比　率%
83	433.3	162.7	37.54
84	174.9	142.0	81.12

資料來源：板信資料依據 83、84 年《業務報告・財產目錄》；合庫資料依據《續修台北縣志・卷六・經濟志・第七篇金融》，頁 76。

〔註47〕盛清沂總纂，袁穎生編纂，《台北縣志》，頁 4564。
〔註48〕盛清沂、吳基瑞編纂，《板橋市志》，頁 420。
〔註49〕張勝彥總纂，《續修台北縣志，第七篇・金融》（板橋市：台北縣政府，2007年），頁 49。
〔註50〕張遠總編輯，《台灣地區信用合作社發展史》，頁 257。
〔註51〕台灣省合作金庫五十年誌編輯委員會編纂，《台灣省合作金庫五十年誌》（台北市：合作金庫，民國 85 年），頁 10。

5. 台灣中小企業銀行板橋分行

台灣中小企業銀行前身，為台灣合會儲蓄股份有限公司。〔註 52〕板橋分公司成立於民國 42 年 10 月，1976 年改制為台灣中小企業銀行。該行除合會業務外，尚辦理一般商業銀行相同的業務。

以上 5 家金融機構，為板信創立前，已經設立的金融機構，板橋農會是日後板信在地方金融業務上競爭的對象；合作金庫為各地信用合作社的金融業務輔導單位，板橋支庫曾對板信的業務則頗盡輔導的責任，對板信業務的提升有很大的教導。

二、板信的創立

板橋開發最早的記載大約從乾隆初年開始，當時板橋地區只有民間高利貸的記載。日據後，於大正 7 年，彰化銀行出張所及板橋信組合先後在板橋設立，本地才開始有真正的金融機構，支應板橋工商的發展。

戰後，板橋信用組合依國民政府之金融政策，改制為板橋農會，農會資金以供應農業用途為現，地方小工商業者與一般民眾，喪失商業資金融通之管道。倖於民國 46 年，政府同意台北縣治所在板橋鎮，得設立新信用合作社，板橋信用合作社方得以設置，提供板橋地區小工商業者，必要之資金融通。

（一）板橋市區的沿革

1. 清領時期

清領初期，本市尚未見漢人開發，至乾隆 5 年（1940）編纂的《重修台灣府志》，才有「擺接庄」之紀載，正式記錄漢人的移墾。〔註 53〕

光緒元年（1875）清廷依沈葆楨之議，分全台為 2 府 8 縣 4 廳。台北府管淡水、新竹、宜蘭 3 縣及基隆 1 廳。〔註 54〕板橋市地區則隸淡水縣擺接堡。擺接堡內略約涵蓋今日之板橋、中、永和土城四個縣轄市區。〔註 55〕

2. 日治時期

日治初期，台灣行政區域經前兩任總督，為因應統治情勢，曾先後改制

〔註 52〕劉寧顏總纂，袁穎生編纂，《重修台灣通志・卷四・經濟志・金融篇》，頁 586 ～589。

〔註 53〕劉良璧纂，《重修台灣府志》（台北市：文建會，2005 年），頁 164、173。

〔註 54〕范勝雄，《開台使者沈葆楨》（台南市：台南市府，2001 年），頁 59、60。

〔註 55〕盛清沂、吳基瑞編纂，《板橋市志》，頁 4。

三次。至佐久間左馬太於明治 42 年（1909）任後，再度改革地方制度，恢復原有台北縣轄境。境內劃分為 13 支廳及台北廳直轄區。支廳下，革除舊有街、莊之制，分合各街、莊以為區，置區長。自此，創立了台灣全新的街、莊區分，清代之堡里制全不復存。原擺接堡地區成為枋橋支廳，下轄枋橋、土城、枋寮（中和）三區，區域涵蓋現在的板橋、中、永和、土城四市市區。枋橋區內有：枋橋街、後埔、四汴頭、湳仔、番仔園、沙崙、溪州、深坵、埔墘、港仔嘴、下深坵、江子翠、新埔、社後、崁頭厝等莊，均為現在板橋市範圍。

大正 9 年（1920），台灣行政區域又施行新制，廢廳為州，廢支廳為郡，廢區為街、莊。新制之名稱改易，字型變化頗異往昔。台北州共轄 1 市、9 郡、6 街、34 莊，於現台北縣區域內者有 6 郡。這時的板橋市歸屬海山郡板橋莊，下轄板橋（枋橋街改稱）、後埔、四汴頭、湳子、番子園、沙崙、溪州、深坵、埔墘、港子嘴、下深坵、江子翠、新莊（新埔）、社後。這個制度歷 26 年、迄戰前未再改易。〔註 56〕

3. 戰後行政區域之改制

民國 34 年秋，日本投降，國民政府，於 11 月 27 日完成接管台灣。因日治時期久遠，台灣情況特殊，為免接收時期行政脫節，除改台北、基隆二市為省轄市外，其他行政區域，仍沿用日人舊制。逮至年底，行政漸上軌道，始有改革之議。因省民對日治時期之保甲法深惡痛絕，國民政府乃依自然形勢及社會關係，改設村、里。〔註 57〕

35 年起，廢日治之州、廳為 8 縣，廢郡為區，廢莊、街為鄉、鎮，下設村、里，村、里下置鄰。1 月 27 日成立板橋鎮，隸台北縣海山區。鎮內分為 20 里，295 鄰，人口約 2 萬 3 千人左右。〔註 58〕36 年初，縣政府遷設於本市，裁海山區，由台北縣直轄。

板橋鎮因緊鄰台北市，戰後，人文、經濟成長迅速，成為台北市外圍都市。至民國 60 年，人口倏增，達 126,980 人，符合改制為縣轄市規定。於是在 61 年 5 月，成立改制籌備委員會。主任委員由鎮長劉順天擔任，副主任委員為當屆（第 9 屆）鎮民代表會主席朱茂陽（時任板信分社主任），及國民黨板橋鎮民眾服務分社主任朱碩午分任。結合板橋各界人士，向各級主管機關

〔註 56〕 盛清沂總纂，《台北縣志》，頁 385～403。
〔註 57〕 盛清沂總纂，《台北縣志》，頁 406～408。
〔註 58〕 盛清沂總纂，《台北縣志》，頁 324、332。1944 至 1946 年前無確實人口紀錄，1946 年底人口數為 23,545 人。

請願，經核准，於 7 月 1 日，正式成立板橋市，市區面積仍如舊有。〔註59〕

（二）戰後板橋的經濟的發展

民國 35 年，板橋街改制為板橋鎮，成立鎮公所。即策劃板橋地方自治事宜，嗣即次地舉辦各項公職選舉。〔註60〕鎮長、鎮民代表會代表，都以選舉方式產生。

台灣戰後，地方政府的組成，與清領及日治時期最大不同處，在於地方政府首長與民意代表的產生，是以民主選舉方式產生，不再由上級政府機關指派或遴選出任。

除了地方政府的組織有明顯不同外，板橋的都市發展與地方勢力也發生了根本上的變化。首先，板橋從日治時期的農業鄉鎮，到戰後發展成台北區域主要的工業都市及住宅型城市。〔註61〕

戰前，依昭和 8 年（1933）的統計，本市區域內有水田 960 甲，旱田 535.9 甲，占全市面積 2309.5 甲的 64.77％左右。〔註62〕戰後初期，民國 39 年，耕地面積仍有 1416.06 公頃（1 公頃＝1.0310157 甲）〔註63〕，占全市面積 2342.21 公頃的 60.4％。到了 2007 年，耕地面積只餘 46.36 公頃，降至 2％以下，〔註64〕明顯的、快速的都市化。

民國 5、60 年代，台灣工業化起飛時，政府在板橋設置了四汴頭、新埔深丘、埔墘三個工業區，其中，四汴頭工業區是當時全台北縣最大工業區。近年來，這些原屬於工業區的土地，為配合板橋市的都市規劃，相繼變更為住宅區，帶動了板橋的發展，也加深了板橋都市住宅機能的發達。〔註65〕

其次，戰後地方家族勢力有明顯的轉變，清末及日治時期，以林本源家族為主，到了戰後「林本源」家族幾乎完全搬出板橋。地方上的領導地位轉變成以劉、邱、郭三個家族為主導。〔註66〕當時板橋的農業機能急遽衰退，這些土地正好接納了台北市外溢的人口，讓板橋的建築業蓬勃發展，許多原

〔註59〕盛清沂、吳基瑞編纂，《板橋市志》，頁 9。
〔註60〕盛清沂、吳基瑞編纂，《板橋市志》，頁 158、207。
〔註61〕蔡采秀撰，〈板橋的都市發展（1895～1985）──兼論其社會影響〉台北市：國立台灣大學社會研究所博士論文，1995 年，頁 5。
〔註62〕淀川喜代治編，《板橋街誌》，頁 2。
〔註63〕蔡宗陽主編，《最新國語辭典》（中和市：登福出版社，1997 年），頁 782。
〔註64〕尋俠堂國際創意有限公司編纂，《板橋市志三編》，頁 329。
〔註65〕蔡采秀，〈板橋的都市發展（1895～1985）──兼論其社會影響〉，頁 141。
〔註66〕蔡采秀，〈板橋的都市發展（1895～1985）──兼論其社會影響〉，頁 6。

有地主，開始以土地創造財富。戰後板橋的三大家族舊街邱家、浮州劉家、江子翠郭家，〔註67〕據說都是由營建業起家。〔註68〕爾後，板橋的都市發展，建築業蜂起，都市住宅機能更加明顯。

戰後，台灣政治制度的改變，及板橋市都市發展的結果，與邱、劉、郭三個家族的興起，對板信的創社，與日後社、業務的發展都有緊密的關連與影響。

（三）板信的創立

「保證責任板橋信用合作社」（以下簡稱為板信）是改制為「板信商業銀行」前正式的名稱。

板信創立於民國 46 年 4 月 25 日，同年 7 月五日正式營業。創立前，台灣經濟發展剛起飛，仍屬金融缺乏的時期，國內銀行的資金無法供及地方上中小工商業的週轉需求，急需地方基層金融的設立，以獲得必要的資金融通。民國 39 年，板橋鎮台灣銀行對民間的融資尚不足 0.5%（見表 2－2－7）

板橋市於日治時期有板橋信用組合，曾提供區內的 65% 以上之融資，作為區內一般工商業及平民生活上之資金。〔註 69〕信用組合改制為農會信用部後，此項金融機能完全喪失。加上板橋區域發展，工業區的設置及人口不斷移入，已由農業區逐漸轉化成新興都市，故區域內百業興起，中小工商業櫛比鱗次的開業，都需要資金的供給，卻苦無地方金融配合，故地方莫不企望新設立信用合作社。

1. 創立時台灣的經濟狀況

板信創立於民國 46 年。當時台灣的社會，已經歷了戰後經濟的混亂，政治的動盪，及台幣惡性通貨膨脹的混亂時期。〔註70〕

民國 39 年韓戰爆發，美國開始援助台灣，政府利用美援，著手進行自力更生的計畫；〔註71〕農業生產也恢復到日治時期（1937 年）的最高點。42 年以後，局面逐漸好轉，國民生產總值成長率提高到 7% 左右，但總的來說台灣

〔註67〕盛清沂、吳基瑞編纂，《板橋市志》，頁 231～239。參照市志內三個家族從政族人的戶籍整理。

〔註68〕蔡采秀，〈板橋的都市發展（1895～1985）——兼論其社會影響〉，頁 135。

〔註69〕海山郡產業組合共榮會編印，〈昭和 15 年海山郡產業組合要覽〉，頁 5。（商業 252,942＋工業 51,728＋其他 126,808）＝431,478÷總貸付金 654,008＝65.97。

〔註70〕段承璞主編，《台灣戰後經濟》（台北市：人間出版，1992 年），頁 106。

〔註71〕林鐘雄，《台灣經濟發展四十年》頁 37。

經濟依然是困難重重。〔註 72〕

　　當時，政府爲恐美援無法長久依恃，及美國要求台灣必須有效運用援助。政府遂有計畫的分期推動台灣經濟發展方案，採取「以農業培養工業，以工業發展農業」的經濟發展策略。

　　第一期經建計畫，自民國 42 年至 45 年，完成有效配合美援從事經濟建設，提高國內農、工生產，充裕物資供應，穩定物價的目標。

　　第二期經建計畫，自 46 年開始，預計 49 年完成，希望增加農、工生產外，能擴大出口貿易，以增加國民所得。〔註 73〕

　　但民國 40 年代，台灣國民所得仍然偏低。民國 40 年，平均國民生產毛額只有 95 美元；49 年平均也只提高至 153 美元。大部分家庭仍在追逐溫飽，民間儲蓄力普遍偏低，一般私人企業規模小，資金不足，一直是當時工、商企業最困擾的問題之一。〔註 74〕

表 2－2－7：台灣銀行板橋分行民國 36～40 年營業概況表

金額單位：元

項　目		民國 36 年	民國 37 年	民國 38 年	民國 39 年	民國 40 年
存款	同　業	9,465.14	212,362.45	2,038.48	3,156.61	57,374.01
	公營事業	～	59,148,871.50	51,780.00	99,909,77	205,187.34
	民營事業	～	3,159,629.75	3,127.57	4,053.63	6,891.55
	私人及其他	1,329,856.19	459,323,042.50	11,208.65	196,346.77	362,027.51
	公務機關	35,109,561.08	117,404,557.91	885,105.95	1,329,230.03	5,255,837.82
	合　計	36,448,882.41	639,248,465.11	953,269.65	1,632,695.83	5,867,318.23
放款	民營事業	～	199,800,000.00	251,120.00	74790.00	37,500.00
	私人及其他	～	8,602,534.81	6,329.64	10,465.26	12,300.00
	公務機關	20,000,000.00	1,279,000.000.00	1,513,292.50	2,533,000.00	～
	合　計	20,000,000.00	1,487,402,534,81	1,770,942.14	2,618,215.26	49,800.00

資料來源：係依《台北縣志》，頁 4546、45475 整理。

說明：存、放款自 38 年以後爲新台幣。

〔註 72〕段承璞主編，《台灣戰後經濟》，頁 107、108。
〔註 73〕彰化銀行百年史編輯委員會編輯，《彰化銀行百年史》（台中市：彰化銀行，2005 年），頁 224。
〔註 74〕林鐘雄，《台灣經濟發展四十年》，頁 52。

2. 成立的契機

為確保台灣金融的穩定，政府遷台後，嚴格限制金融機關的設立，信用合作社亦不准增設新社。日治時期原有的市街地各型態的產業組合，改為合作社，申請兼營信用業務，政府都以審慎、嚴格的態度處理，截至 45 年，經陸續核准改組的專、兼營信用合作社共計 72 社。

民國 39 年，台灣省行政區域調整重劃，新設宜蘭、台北、苗栗、南投、台南、高雄縣及陽明山管理局等 7 縣局。這 7 個新設縣局政府所在地，皆無信用合作社的組織，對於一般平民階級、小工商業者資金的融通，有諸多不便。地方人士有鑑於日治時期信用組合對地方金融之貢獻，乃一再陳情，請准籌設信用合作社，各縣市政府及地方議會議也屢次極力建議。

台灣省政府乃於 43 年第 63 次府會中決議：「未設信用合作社之縣局政府所在地，如宜蘭縣、台北縣、苗栗縣、南投縣、台南縣、高雄縣及陽明山管理局等七縣局，每縣局可先准設立信用合作社一處試辦」。該案轉報中央後，經行政院經濟安定委員會議通過，並於 44 年 10 月 15 日明令實施。7 縣局的各該地方人士，乃積極進行籌設，其中除台南縣新營鎮信用合作社於 47 年成立，宜蘭縣宜蘭市信用合作社於 49 年成立外，其餘板橋鎮、苗栗鎮、南投鎮、鳳山鎮及陽明山信用合作社等五社，均分別於 46 年先後成立。〔註75〕

3. 創立

民國 36 年，台北市、基隆市改制為省轄市，台北縣治遷移至板橋鎮。板橋於日治時原有的信用組合，對地方金融有很大助益，戰前併入農業會。35年，改組為板橋合作社。38 年，為振興台灣農業，依政府政策，再被歸併為板橋鎮農會信用部。農會之金融業務係以農業融資為主，〔註76〕不得提供農業以外之資金，讓板橋市的小工商業者及一般平民失去資金融通的管道。故政府准許新設信用合作社一處，是非常合乎地方當時需要的。

台北縣政府設於此，板橋一帶復劃為工業區，使本市人口迅速增加工

〔註75〕吳春來，《台灣信用合作事業之研究》（台北市：合作金融社，1973 年），頁 7
～11。

〔註76〕台灣省政府農林廳編，《農會法令彙編》（南投縣：農林廳，1972 年），頁 358；
「台灣省政府三九申東府綸以字第五九六〇四號令各縣市政府「釋示鄉鎮區
農會信用部辦理業務之疑義解釋」第 3 點，「農會辦理放款，仍應依照規定以
融通會員農業生產上必要之資金為範圍」。

商業興起。〔註 77〕但在 1950 年代，台灣依然處於外匯短絀，民間資金不足，利率水準偏高的環境，〔註 78〕銀行放款係採嚴格管制方式，須經主管機關審核。〔註 79〕這是當時工商業最困擾的事情。所以本案通過後，本市有心之士，乃多方奔走，積極爭取，經年餘之籌備，方得以事成，創立板橋鎮信用合作社。

「板信」創立最先的發起者，在現存曾參與籌備的三位元老，皆一致認為首倡者是板信創辦人邱榮隆。〔註 80〕邱榮隆曾任板橋鎮鎮民代表會主席，時任第五屆代表會主席。

准許板橋鎮新設信用合作社一案，經行政院明令實施後，板橋地區「有志人士咸認為繁榮工商業、發展地方經濟，必須迅速成立平民金融機關，來融通社員間資金之需要」。〔註 81〕但板信的創設，並非一帆風順的展開，地方上有些遲疑。在受訪談者中多認為：當時經濟上的客觀的條件，五十萬元的股金，不啻為天文數字，是讓大家最猶豫的關鍵。大家都觀望不前，時間延宕了五、六個月，眼見其餘 6 個區域的地方人士都積極進行籌備。邱榮隆乃以板橋鎮民代表會主席身分，以地方繁榮為己任，毅然挑起發起創設板信的重任，〔註 82〕經他登高一呼，群聚有心人士，乃於民國 45 年 5 月 14 日，假板橋鎮農會二樓，召開座談會，研擬籌設信用合作社事宜，先後經過三次座談，交換意見，取得設立之決議，逐於民國 45 年 6 月 15 日，向台北縣政府提出發起組織申請。〔註 83〕當年參與板信發起者，除苗文齋、廖廷松兩人外，〔註 84〕都成為板信第一屆理、監事。（見表 2－2－8）

〔註 77〕 盛清沂、吳基瑞編纂，《板橋市志》，頁 321～342。

〔註 78〕 林鐘雄，《台灣經濟發展四十年》，頁 47～50。

〔註 79〕 彰化銀行百年史編輯委員會編輯，《彰化銀行百年史》（台中市：彰化銀行，2005 年），頁 229。

〔註 80〕 參見附錄二邱明政訪談記錄、附錄九朱茂陽訪談記錄、附錄十一林宜火訪談記錄。

〔註 81〕 00－4－.86－100－1，〈板橋鎮信用合作社第 3 屆第 2 次社員代表大會紀錄〉（1963 年 2 月 10 日）。附件：「本社沿革」。

〔註 82〕 參見附錄六陳錦成訪談記錄。

〔註 83〕 00－4－.86－100－1，〈板橋鎮信用合作社第 3 屆第 2 次社員代表大會紀錄〉（1963 年 2 月 10 日）。附件：「本社沿革」。

〔註 84〕 參見附錄二邱明政訪談記錄、附錄九朱茂陽訪談記錄。

表2－2－8：板橋鎮信用合作社第一屆理事、監事資料表

一、理事資料

姓　名	性別	年齡	學歷	籍貫	職業	鄉市	里別	住　址
邱榮隆	男	47	國小	台北縣	商	板橋鎮	赤松里	府中路 62 號
林平賜	男	42	中學	台北縣	商	板橋鎮	流芳里	大東街 49 號
徐朝鳳	男	70	初小	台北縣	商	板橋鎮	深丘里	東安 45 號
邱海水	男	42	國小	台北縣	商	板橋鎮	赤松里	府中路 89 號
歐　潤	男	52	漢學	台北縣	商	板橋鎮	挹秀里	宮口街 8 號
汪金傳	男	56	－	台北縣	商	板橋鎮	挹秀里	宮口街 12 號
江陳樹	男	52	－	台北縣	商	板橋鎮	挹秀里	府中路 57 號
廖癸霖	男	30	－	台北縣	商	板橋鎮	赤松里	府中路 86 號
吳　明	男	61	－	台北縣	商	板橋鎮	赤松里	府中路 83 號
吳樹木	男	40	－	台北縣	商	板橋鎮	黃石里	宮口街 15 號
邱　木	男	－	－	台北縣	商	板橋鎮	赤松里	府中路 64 號

二、監事資料

姓　名	性別	年齡	學歷	籍貫	職業	鄉市	里別	住　址
林水木	男	42	國小	台北縣	商	板橋鎮	社后里	港尾 15 號
邱垂源	男	32	國小	台北縣	商	板橋鎮	廣福里	四汴頭 22 號
汪金土	男	51	－	台北縣	商	板橋鎮	黃石里	宮口街 9 號
劉順和	男	48	國小	台北縣	商	板橋鎮	浮洲里	歡子園 4 號
林宜火	男	－	初小	台北縣	商	中和鄉	積穗村	中山路 61 號

資料來源：00－87－100－2（板橋鎮信用合作社第 1 次理監事聯席會議紀錄《第 1 次社務會》）（1957 年 5 月 14 日）。附件：「合作社成立登記申請書」。

　　民國 45 年 8 月 10 日板信奉准籌備，旋即成立籌備會，推選邱榮隆為召集人，並積極開展籌備工作。在籌備期間中遭遇到的最大難題，就是股金的籌募。信用合作社的組成分子，多為公教人員、勞動者、自由職業及小工商業者。經濟力量相對薄弱，無力負擔大額之股金，以致募股極為艱難，雖然先後召開六次籌備會，卻始終難以募足股額，達成目標，以致工作曾一度陷於停頓。〔註 85〕

〔註 85〕00－47－86－100－1，〈板橋鎮信用合作社第 3 屆第 2 次社員代表大會紀錄〉（1963 年 2 月 10 日）。附件：「本社沿革」。

　　依當時規定新設立之信用合作社，最低資本額為新台幣 50 萬元正，分為 5,000 股，每股新台幣 100 元，社員至少須認購 1 股。〔註86〕100 元在當時是很高的金額，以民國 45 年，台灣平均國民年所得，只有新台幣 3,296 元。〔註87〕大部分家庭仍需追求溫飽，儲蓄率低，實無力投資。又因 38 年，原板橋鎮合作社被併入板橋鎮農會，非農民會員被改成贊助會員，無選舉權，所需資金無法向農會融通，投資的股金也無股利分配，權益完全喪失，重新投資新設立的信用合作社，信心不足。〔註88〕

　　板信的籌備，在如此困難中，幸賴籌備會全體委員都能持續不斷努力，加上省合作事業管理處及台北縣政府之關心與熱心指導，鼓舞籌備委員的勇氣與信心，經再三努力，終於在民國 46 年 4 月 25 日召開創立會。自奉准籌備之日起，至創立會之日止，籌備期間長達九個餘月，可知當時募股工作殊非易事。開業前，才勉強籌足 50 萬元股金，其中由社員所認股金僅占股金總額 44%，其餘 56% 之股金，是由 16 位第一屆理、監事共同承擔籌足。〔註89〕

　　是時，由於股金募集困難，籌備會乃達成，有意願擔任理事者，每人需募集 25,000 元股金，有意擔任監事者，每人需募集 15,000 元股金；擔任理事主席者負責 40,000 元，監事主席負擔 25,000 元的共識。這項決定才使板信股金籌集能夠突破困境。〔註90〕故 50 萬元股金中，約 280,000 元，係由理、監事所承擔籌集的。

　　板信創立會假板橋鎮公所中山堂舉行創立大會。社員 367 人，出席 276 人。列席來賓有：省合作事業管理處主任秘書張逵、課長許峻斑。台北縣長戴德發、合作室主任李兆麟等 9 人。〔註91〕

　　會中通過章程草案、年度預算、組織系統等 9 個重大議案。〔註92〕創立

〔註86〕00－87－100－2，〈台北縣板橋鎮信用合作社 46 年度第 1 次理監事聯席會議紀錄《社務會》〉（1957 年 5 月 14 日）。附件：「合作社成立登記申請書」。

〔註87〕行政院主計處編，〈中華民國台灣地區國民所得〉（台北市：中央文物供應社，1984 年），頁 21。

〔註88〕邱明政等編，《榮隆先生八秩晉一華誕紀念冊》（台北縣：邱明政，民國 80 年），頁 6。

〔註89〕00－47－86－100－1，〈板橋鎮信用合作社第 3 屆第 2 次社員代表大會紀錄〉（民國 52 年 2 月 10 日）。附件：「本社沿革」。

〔註90〕參見附錄九朱茂陽訪談記錄、附錄十一林宜火訪談記錄。

〔註91〕00－87－100－2，〈板橋鎮信用合作社創立大會決議記錄〉（1957 年 4 月 25 日）。

〔註92〕合作資訊服務中心編輯，《最新合作法令輯要彙編》，頁 22。「合作社社員人數

大會當日最重要的任務是選出第一屆理事 11 位，監事五位，候補理事 3 位，候補監事 1 位（見表 2－2－8；2－2－9）。〔註93〕

表2－2－9：板橋鎮信用合作社創立大會理、監事選舉得票數及個人履歷

一、理事當選者選舉紀錄及個人經歷

	當選者	得票數	經 歷	備 註
1	邱海水	186	台北縣第 3、4 屆縣議員 台北縣雜糧公會理事長 合豐公司董事長	邱榮隆六弟
2	邱榮隆	183	板橋街第三保保正（日治時期） 公賣品菸酒組合副會長（日治時期） 第 1 屆赤松里里長 板橋鎮第 2 至 4 屆鎮民代表 第 5 至 7 屆板橋鎮代表會主席 板橋菸酒配銷所主任 榮隆飲料公司黑松汽水海山區經銷	
3	徐朝鳳	170	板橋庄第 1、2、3 回庄協議會員（日治時期） 板橋利用信用組合專務理事（日治大正 7 年） 厚生企業	
4	林平賜	171	板橋利用信用組合出納股長 糧食局出納股長兼稽核	板橋利用信用組合長林清富公子
5	江陳樹	155	建築業、地主	
6	歐　潤	152	板橋鎮宮口街雜貨行	
7	汪金傳	136	宮口街金飾店	
8	吳　明	133	赤松里第 1 屆副里長、第 2 至 7 屆里長	
9	廖癸霖	127	台北市康定路經商	
10	吳樹木	126	宮口街金飾店	
11	邱　木	117	邱來興五金百貨行	

超過二百人以上，不易召集社員大會時，得就地域之便利，分組舉行會議；並依各組社員人數，推選代表出席全體代表大會。其代表之產生方式，應於各社章程內明訂之。」

〔註93〕板信編，〈板橋鎮信用合作社 55 年度社員代表大會議案・追認事項：板橋鎮信用合作社社員代表暨理監事選舉規則〉（55 年 1 月 30 日）。該規則所參照之台灣省合作社選舉規則已廢止，台灣省信用合作社選舉社員代表暨理監事資格標準散見於各年相關的法令中。

二、候補理事選舉紀錄及個人經歷

	當選者	得票數	經　歷	備　註
1	游逸統	43	板橋自來水廠	
2	王萬賢	40	板信承租辦公室業主	
3	林振利	33	第2至6屆板橋鎮代表 屠宰公會理事長 雜貨店、肉品行	台北縣第九、十任縣長林豐正尊翁

三、監事當選者選舉紀錄及個人經歷

	當選者	得票數	經　歷	備　註
1	林水木	153	社後里第1屆副里長、第2屆里長 第3、5、6屆板橋鎮民代表 板橋鎮農會前監事	
2	邱垂源	142	第5、6屆板橋鎮民代表 臺北縣米穀商業公會代表 金益利商店店東	
3	汪金土	133	宮口街金飾店	
4	劉順和	127	第5、6屆板橋鎮民代表 劉大有木材廠經理	
5	林宜火	122	雜貨店 製磚廠	

四、候補監事選舉紀錄及個人經歷

	當選者	得票數	經　歷	備　註
1	呂童祥	48	黃石里第1、2屆副里長、第3至7屆里長 洗衣店店東	

資料來源：00－87－100－2，（板橋鎮信用合作社創立大會決議記錄）（民國46年4月25日）；及盛清沂、吳基瑞編纂，《板橋市志》，頁207～322。

4. 開業

合作社的社員大會爲合作社最高權力機關。理事會是合作社的執行機關，監事會是監查機關，〔註94〕三個會議是合作社的法定機構，必須成立才得以正式創設。

創立大會上，選出了創社第一屆理、監事共16名，會後，板信的整個機

〔註94〕合作資訊服務中心編輯，《最新合作法令輯要彙編》，頁128。

能立即迅速啓動運作。同年 5 月 3 日分別召開第一屆第一次理事會、監事會，會中互選主席，完成法定程序。

理事主席選舉結果，邱榮隆以 7 票當選爲理事主席。

監事主席選舉，林水木得 4 票爲監事主席。〔註 95〕

兩會成立後，立即積極會商推動開業之必要會議。

板信社員認繳股金在創立會後尙不足 419 股，金額 41,900 元。爲符合驗資規定，於創立後第三次社務會中才議決出補足方法，不足股額由邱榮隆、林水木、歐潤等 3 人代墊。〔註 96〕另據板信元老之說法，不足股金係由邱榮隆、邱海水、林水木、歐潤 4 人名義，各向「台灣合會」（台灣企銀）板橋分公司各借款 1 萬元正，先行墊補完成 50 萬元股金的籌集。〔註 97〕

6 月 26 日，台灣省財政廳會同合作事業管理處、台北縣合作室派員至板信驗資，完成開業前的必要程序。通過後，立即申請創立登記之各項手續。〔註 98〕6 月 27 日即奉准成立。〔註 99〕板信特別選在 46 年 7 月 5 日「合作節」早上 9 點開幕，由縣長戴得發剪綵，在地方各界期盼下正式營業。開業當日的規模，有股金 50 萬元正，社員 580 名，理事 11 名，監事 5 名，員工 9 人。〔註 100〕

〔註 95〕00－46.71－100－1，〈板橋鎮信用合作社 46 年度第 1 次社務會紀錄‧理事會、監事會互選主席紀錄〉（1957 年 5 月 3 日）。

〔註 96〕00－87－100－2，〈板橋鎮信用合作社 46 年度第 4 次理監事會《社務會》〉（1957 年 6 月 23 日）。

〔註 97〕參見附錄九朱茂陽訪談記錄、附錄十一林宜火訪談記錄。

〔註 98〕00－87－100－2，〈板橋鎮信用合作社 46 年度第 5 次理監事會《社務會‧報告事項》〉（1957 年 7 月 3 日）。

〔註 99〕板信編，〈板橋鎮信用合作社 47 年度社員代表大會議案‧46 年度重要記事〉（1958 年 1 月 25 日），頁 3。

〔註 100〕參見附錄二邱明政訪談記錄、附錄九朱茂陽訪談記錄。

第三章　組織的沿革

　　台灣的信用合作社，是依我國「合作社法」組織成立的合作組織。我國憲法規定，金融機構應受國家法令之管理。信用合作社經營金融業務，受到國家法令之獎勵及扶助，自應依法受國家之管理。〔註1〕所以政府對信用合作社的組織依法給於管制。

　　信用合作社的組織系統，分爲決策組織及業務組織。決策組織爲信用合作社權力機構，負責全社營運的成敗，所以法令有嚴格規定，各社都必須依法成立的法定組織。業務組織是營運的執行系統，法令只作原則性的規定，各社得依本身需要自行組合。

　　板信的決策組織系統，除了法定組織外，亦得依本身需要由理事會授權，自行設置各種委員會，此稱爲自設組織。這些自設組織有些成爲常設性的，如放款審核委員會、新進考試委員會等。板信爲了推廣合作教育，亦先後成立商業補習班及板信幼稚園等附設組織，在地方上頗受歡迎。

　　理事主席主持理事會，爲社員代表會之主席，對外代表合作社，並指揮總經理推展業務，在整個組織系統的運作中，具有決定性的關鍵地位。〔註2〕板信前後有 4 位理事主席，因爲各任理事主席的行事風格不同，故權力的運作方式也有不同。本章將依理事主席的任期作爲分期，分別討論板信的決策組織系統及其運作模式。

〔註 1〕合作資訊服務中心編輯，《最新合作法令輯要彙編》（台北市：中國合作事業協會台灣省分會，1991 年），頁 359。

〔註 2〕台北市政府財政局編，《合作金融法令彙編》（台北市：台北市政府財政局，1986 年），頁 7、149。

　　板信是戰後才成立的新社之一，剛開始只有一個營業單位，業務規模小、組織簡單，經歷 40 年後，至改制商業銀行前，隨著業務成長，已有總、分社 11 個營業據點，及 9 個管理部室，共 20 個一級單位，組織系統發展頗具規模。板信業務組織的變革，與業務的推展，及人員的擴張較有關聯，與歷任理事主席的行事風格則較無影響，但重大的組織更革，分社的增設，歷任理事主席任內都有變動，為討論的一致性，仍採用同樣的分期方式，以作比較。

第一節　決策組織

　　信用合作社的法定組織，在合作社法及合作社法施行細則內都有規定。財政部接管後，更對各項法定會議選任人員的資格作嚴格限制，以求信用合作社的運作順暢，而有益於全體社員，並對地方經濟作出貢獻。

　　板信 40 年間的社、業務，均有很大的變化，為清楚探討板信繁雜的組織系統變革，將整個組織劃分為「決策系統」及「業務系統」來探討，希望能更清楚的看見其中的意義。兩個系統的區分，則以理事會理事主席作為區分點。

一、權力組織系統

　　合作社依法必須設置的決策組織，有社員代表大會、理事會、監事會、社務會。板信的組織，除依法必須設置的以外，內部組織為因應法律的變革，與本身的成長需求，及適應社會環境的變遷，成立數個任務性質的自設組織，及兩個附屬機構，以補足自身的需求。

（一）最初的組織系統架構

　　板信最初的組織系統是民國 46 年 4 月 25 日創立會時通過的，它的架構是依據「合作社法」等的相關法令與規定組織的（如圖 3－2－1）。有社員代表大會、理事會、監事會、社務會等，俱是合作社法內規定的法定組織。〔註3〕信用評定委員會則是引用「信用合作社章程準則」例舉的名稱，隨之改為放款審核委員會（簡稱放審會）。〔註4〕自設的委員會除「放審會」外，在合

〔註 3〕台北市政府財政局編印，《合作金融法令彙編》，頁 1～80。
〔註 4〕合作金融法規彙編指導委員會編輯，《合作金融法規彙編》（台北市：財政部金融局，1993 年），頁 82。信用合作社章程準則第 28 條：本社於必要時得設

作社法中並沒有明確的規範。自設的委員會依法由理事會聘任，〔註5〕在板信內部，則因各任理事主席及理事會的行事方格，而賦予不同的層級，有些委員會議曾提高到與理、監事會相同的層級。

信用合作社的社員大會（或社員代表大會）爲合作社最高權力機構，理事會、監事會、社務會、放款審核委員會，各有其權利、義務，在整個組織裏屬於「決策」的權利組織系統。

爲達成創社的目的及推行社、業務，板信於理事會下設經理、文書、會計、司庫4個職位，由理事會依合作社法的規定任用，〔註6〕這4個職位的名稱，是引用信用合作社章程準則〔註7〕之規定設置的。這4個職位職責在法令上，並無明確規範，似爲平級單位。但各合作社隨時間、需求及環境不同，多有所改變，甚至被同性質之職務單位所取代。板信則特別在46年時，由社務會通過的「辦事細則」中，特別爲這4個職位，作成明確的權責劃分。經理負責業務，文書負責社務，司庫負責財務，會計負責帳務。〔註8〕除文書、司庫、會計等職位外，經理以下之其他幹部、職員，則依法令規定，由經理根據業務需求，提請理事會任用的（如圖3-1-1）。〔註9〕

一般企業最高權力機構爲股東大會，信用合作社的最高權力機構爲社員大會或社員代表大會。板信於46年12月下旬社員人數已達773人，遂依法於12月25日舉行第一屆社員代表選舉，選出64位社員代表，旋於47年1月25日召開社員代表第一屆第一次大會，正式成立社員代表大會。〔註10〕確立了板信完整的法定組織系統。

各種委員會（如信用合作社設信用評定委員會；……）。委員會委員，由理事會聘任之。各種委員會章程另訂之。信用評定委員會在板信成立後未幾即改稱放款審核委員會。
〔註5〕台北市政府財政局編印，《合作金融法令彙編》，頁6。
〔註6〕合作金融法規彙編指導委員會編輯，《合作金融法規彙編》，頁6。
〔註7〕合作金融法規彙編指導委員會編輯，《合作金融法規彙編》，頁82。
〔註8〕00-87-100-2，〈板橋鎮信用合作社46年度第7次社務會紀錄·附件〉（1957年9月23日）。「辦事細則」是「保證責任台北縣板橋鎮信用合作社辦事細則」的簡稱。
〔註9〕合作金融法規彙編指導委員會編輯，〈信用合作社章程準則〉，《合作金融法規彙編》，頁82。
〔註10〕00-47-86-100-1，〈板橋鎮信用合作社社員代表大會紀錄·板橋鎮信用合作社社員代表選舉紀錄〉（1957年12月25日）。

圖 3－1－1：民國 46 年板信創立大會通過的全社組織系統

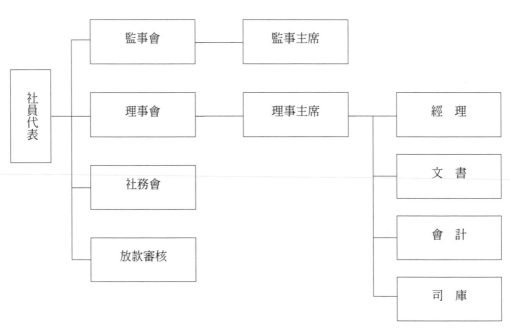

（二）自設的委員會

板信除了法定會議外，為能順利推動特定的社務，曾經成立了幾個任務型的委員會，其中放款審核委員會、新進人員考試委員會則成了常設的重要會議。

1. 放款審核委員會

放款審核委員會（以下簡稱：放審會）是信用合作社專有、常設重要的專業委員會，民國 59 年以前，並無法令依據。財政部接管後，特別制定「放審會組織準則」，作為管理的依據，放審會遂成為理事會之下的法定組織。〔註 11〕

在信用合作社，依法令規定，每年需做成議案提社員代表大會通過，對每一社員的放款，訂定授信最高限額。再由理事會依據社員代表大會決議，授權適當的授信額度，給理事主席以下各級放款經辦人員，作為對每一社員申請的放款案件準駁的權限。超過授權額度以上的案件，經審查通過後，都必須提請放審會，由該委員會做最後的審核，通過後方能貸放。

〔註 11〕 台北市政府財政局編，《合作金融法令彙編》，頁 291。

　　板信的放審會，是於 46 年 7 月份的社務會通過，自訂由全體理事爲放審會委員組成放審會。至 50 年 9 月，社務會再議決「放款審核委員會規章」〔註 12〕作爲運作的準則。

　　59 年，財政部接管後，頒布「放審會組織準則」作爲規範，限令各社，在一個月內，必須依規定成立放審會，此後，放審會就成爲信用合作社另一個法定會議。〔註 13〕

2. 新進人員考試委員會

　　合作社的人事權依法爲理事會的職權，但板信聘任的第一批員工則是提請社務會決定的。〔註 14〕其後，人事問題亦多提社務會討論或議決，〔註 15〕所以監事參與人事聘用事務是板信一大特色。

　　人事案在板信是非常被重視的議題，爲使社、業務能順利推行，在開業後即規定人事晉用的原則。新進人員的任用，都以非常謹愼的態度處理。由於業務急遽成長，人力需求殷切，邱榮隆主事的 18 年間，有 15 年提出人員擴編案。〔註 16〕

　　板信爲提升人員素質，都需採用公開招考的制度。〔註 17〕53 年 3 月份擬再招考新進人員，監事會建議，每年招考新進人員，實有常設考試委員會之必要。理事會遂議決成立：「新進人員考試委員會」，並邀請監事會參與監考、評分等工作。〔註 18〕這是板信極爲重視的一個委員，也是板信人事制度上的一項特色。隨著組織擴大，業績成長，每次新進人員招考的規模，越來越大，爲求公正，也比照學校聯招方式，有出題人員入闈、出闈，考題彌封、扯封

〔註 12〕00－87－100－2，〈板橋鎮信用合作社 50 年度第 3 次社務會紀錄・討論事項第 2 案〉（1961 年 9 月 30 日）。

〔註 13〕台北市政府財政局編，《合作金融法令彙編》，頁 291。

〔註 14〕00－87－100－2，〈板橋鎮信用合作社 46 年度第 1 次理監事聯席會議（社務會）紀錄・討論事項第 3 案〉（1957 年 5 月 14 日）。

〔註 15〕00－47－86－100－1，〈板橋鎮信用合作 47 年度第 1 次社務會紀錄・討論事項第 12 案〉（1958 年 1 月 11 日）；〈51 年度第 2 次社務會紀錄・討論事項第 1 案〉（1962 年 2 月 20 日）。

〔註 16〕板信編，〈46～64 年社員代表大會議案〉（1957～1975 年）。

〔註 17〕板信編，〈52 年度社員代表大會議案・51 年度業務報告書・51 年度重要記事〉（1963 年 2 月 10 日）。

〔註 18〕00－46－71－100－1，〈板橋鎮信用合作社 53 年度第 3 次理事會紀錄〉（1964 年 3 月 13 日）；〈第 4 次理事會紀錄・討論事項：第 1 案及附件〉（1964 年 4 月 21 日）；〈第 5 次理事會紀錄・討論事項：第 1 案及附件〉（1964 年 5 月 18 日）。

等程序，這些程序都由監事會派監事督導，非常慎重的舉辦。民國 70 年後，連板信內部的升遷考試，為力求公平也比照辦理。

（三）各種委員會

板信決策組織系統中，除了上述兩種常設性的委員會外，也有一些短期的、任務性委員會的設立。

1. 為了永續經營板信的總、分社營業廳，大抵上多為自購的固定資產。故「社址購置委員會」及「社址興建委員會」成立的次數最多。

為了永續經營，在民國 47 年理事會及 48 年社員代表大會都議決購買社址的議案。地點一時難以決定。49 年理事會，理事吳明提案，建議組織專案小組處理，遂議決組成社址購置委員會。[註 19] 這是板信第一個成立的委員會，其後，凡有重大購置案都成立委員會，尤其分社營業廳的建構。

2. 社址興建委員會

板信於 53 年決議興建總社大樓成立興建委員會。[註 20] 54 年，購買板橋市湳興段 500 坪土地，做為附設幼稚園的新園址。次年即決議新建幼稚園校舍，與總社大樓兩案合併成立興建委員會負責辦理。

3. 其他委員會

（1）社籍清查處理小組：是板信在 52 年 8 月份，依據「台灣省合作事業改進方案」成立的委員會。先後在 54 年、56 年、58 年組成此類委員會，負責清理社員的社籍的工作。（2）社員代表暨理、監事資格審查委員會（簡稱資格審查委員會）：這個委員會少有由社員代表大會自主提案通過組織的會議。[註 21] 依規定信合社法定會議成員候選人的資格的審查，是由社務會辦理的。由於 58 年理事會選舉時，發生候選人資格的疑議，社員代表大會乃提案組織該委員會。[註 22] 該委員會之組成，內政部一再不表同意。[註 23] 60

〔註 19〕00－46－71－100－1，〈板橋鎮信用合作社 47 年度第 8 次理事會紀錄〉（1958
年 9 月 18 日）。

〔註 20〕00－87－100－2，〈板橋鎮信用合作社 53 年度第 4 次社務會紀錄〉（1964 年
11 月 26 日）。

〔註 21〕00－46－86－100－1，〈板橋鎮信用合作社 58 年度社員代表大會紀錄〉（1969
年 1 月 26 日）。

〔註 22〕00－46－71－100－1，〈板橋鎮信用合作社 58 年度第 10 次理事會紀錄〉（1969
年 9 月 24 日）。

〔註 23〕00－46－71－100－1，〈板橋鎮信用合作社 58 年度第 12 次理事會紀錄〉（1969
年 11 月 29 日）。

年，板信遂遵照指示，將候選人資格審查回歸由社務會辦理。〔註 24〕該委員
會至 79 年時，一度因「選聘準則」修訂，重新設置，隸屬於社務會下，未幾
又修法停止。〔註 25〕

（四）附屬商業技能補習班及附屬幼稚園

　　板信為了有效推廣合作理念。在開業數年後，營業收支較為寬裕時，為能確
實推行合作教育，先以開設商業技能補習班為起點，希望能仿效台北十信、高雄
三信成立附屬的商業職業學校。〔註 26〕但由於基礎尚淺資金不足，投資金額龐
大，乃暫緩施行。〔註 27〕改設費用較少的補習班及幼稚園來推廣教育事業。這兩
個附屬機構設置後，頗受板橋區民眾的歡迎，並發揮相當的廣告效應。

1. 附設商業會計短期職業補習班

　　為了推行合作教育，宣揚合作要旨，使社員或顧客之子女能獲得進修商
業上之技能，板信在 48 年社務會上，通過附設商業會計短期職業補習班（簡
稱：板信補習班）。由理事主席為班主任，向主管機關立案成立，〔註 28〕同年
8 月 1 日借用板橋國小教室正式開班上課。板信補習班，每年一班，人數從
25～50 人，前後共開設 8 年，頗具效果。

2. 板信附設幼稚園董事會及幼稚園

　　民國 51 年，板信為推廣合作教育，提高社員及顧客之幼童認識團體生活及
基礎學識，於社務會決議，當年事業計畫中，合作教育項下，增列附設幼稚園
計畫，並提請社員代表大會通過。〔註 29〕將原預備作辦公廳之房舍，改建為教
室，招收幼稚生，上、下午各 2 班。理事會並議決附設幼稚園名稱，為「台北

〔註 24〕00－46－86－100－1，〈板橋鎮信用合作社 60 年度第一次臨時社員代表大會
　　　　紀錄〉（1971 年 2 月 14 日）。
〔註 25〕59 年度財政部公布之「選聘準則」第六條規定：候選人由社務會或社務會推
　　　　選 5 至 7 人成立「資格審查委員會」審查；67 年改為第十條；81 年修訂第十
　　　　條，改由理監事會推選 5 至 7 人成立「資格審查委員會」審查。
〔註 26〕台北十信編，〈保證責任台北第十信用合作社七十年誌〉，頁 136；及高雄三信
　　　　編，〈飛躍七十年〉，頁 140。
〔註 27〕00－87－100－2，〈板橋信用合作社 69 年度第 1 次社務會紀錄‧討論事項第 1
　　　　案〉（1980 年 1 月 14 日）。設立私立商業職業學校總經費計需約 7,000 萬元
　　　　左右。
〔註 28〕00－46－86－100－1，〈板橋鎮信用合作社 48 年度第 3 次社務會〉（1949 年 7
　　　　月 5 日）。
〔註 29〕00－87－100－2，〈板橋鎮信用合作社 51 年度第 1 次社務會紀錄〉（1962 年 1
　　　　月 17 日）。

縣私立板橋鎮信用合作社附設幼稚園」，簡稱「板信幼稚園」。〔註30〕8月30日開始招生，9月15日舉行開學典禮。當天邀請台灣省合作事業管理處尹處長，台北縣長謝文程主持揭幕、剪綵，〔註31〕正式開啓「板信幼稚園」36年的歷史。

二、各種委員會議在組織中的層級

板信的各種委員會議中，除了法定會議已有法令賦與明確的權責外，板信所組織的各類型委員會，由於不同的時期與不同的理、監事成員，在組織系統內也給予不同的定位。

（一）邱榮隆時期的決策組織系統

這段期間大部分在邱榮隆任內。邱榮隆擔任第1屆至第6屆理事主席（46～64年），大部分的自設委員會，多在他任內設立的。他決策的運作模式，及推動的許多事物，日後多成爲板信的慣例在實施。他曾歷任 3 屆板橋鎮民代表會主席，熟悉會議規則，處事主張「以和爲貴」，主持板信各項會議，少以表決方式通過議案。這是板信法定會議運作方式上的一項特別傳統。

1. 創立會通過的決策組織系統

板信在創立會通過的決策組織系統，除了法令規定的法定會議外，尙依據業務上的需要，設立「信用評等委員會」（見圖3－1－1）。開業前，比照同業通用的名稱，變更爲「放款審核委員會」。委員會成員由11位理事組成，實質上等同於另一個理事會。59年後，則依據「放審會準則」規定設立放審會，由理事分組擔任，但非成員之理事，亦主動列席參與，並持續至改制。

2. 民國46年至64年決策組織系統

這段期間是邱榮隆主事的時期。這時期最大特色，即所有自設的委員會，都在社務會或理事會中討論及議決成立的，不曾正式提經社員代表大會通過，也甚少列示組織系統內。除了創立大會外，只有在 51 年及 52 年的社務會中，曾表列過組織系統圖表（如圖3－1－2）。〔註32〕

〔註30〕 00－46－71－100－1，〈縣板橋鎮信用合作社51度第5次理事會〉（1962年5月24日）；〈第6次理事會〉（1962年6月29日）。

〔註31〕 板信編，〈52年度社員代表大會議案附51年度業務報告書‧民國51年度重要記事〉（1963年2月10日）。

〔註32〕 00－87－100－2，〈板橋鎮信用合作社51年度第2次社務會紀錄〉（1962年2月20日）；〈52年度第1次社務會紀錄〉（1963年1月16日）。

圖3－1－2：板信52年第1次社務會通過的全社組織系統

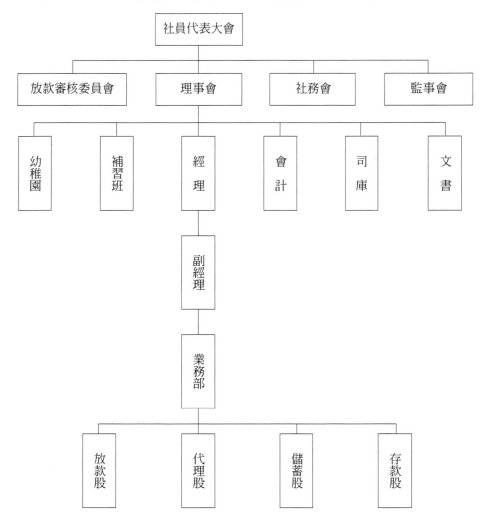

信用合作的自設委員會議，依法是由理事會聘任的。〔註33〕但板信在邱榮隆任內的決策運作，特別著重於社務會議。舉凡附屬商業補習班、幼稚園的成立、社址的購置、興建問題，都經社務會討論。各委員會的委員、幼稚園董事會的董事等，多提出於社務會推選，選出的成員常跨理、監事兩會。為清楚邱榮隆決策的運作模式，特別整理列出這其間板信各種委員會，在板信決策組織系統中的層級與位置（見圖3－1－3）。

如此表列（見圖3－1－3），乃依板信的會議記錄內容整理而成。

〔註33〕台北市政府財政局編印，《合作金融法令彙編》，頁75。

1. 附設補習班：於 48 年社務會議決由理事主席兼任班主任。該班所需教、職員由班主任遴選，班務會議由理事主席擔任。〔註 34〕由此推定板信補習班爲理事主席管轄下的業務單位。

2. 附屬幼稚園：該園業務是列在板信 49 年度事業計畫的合作教育項下，經社員代表大會通過成立的。幼稚園的董事會董事的推選，多在社務會議內推舉的，董事成員中理、監事各有名額。〔註 35〕如此的運作方式，可明確的將板信幼稚園董事會，歸屬於社務會的系統下，園務則屬於該董事會轄下。

3. 社址購置及興建委員會：49 年第理事會議決成立購置委員會，選出的委員中有監事主席參與，該會的決議、會議紀錄，也有提社務會報告。52 年重推購置委員成員，內有理、監事主席、理、監事、幹部等。〔註 36〕53 年成立的辦公廳興建委員會，成員也是由理、監事加經理組成的。從這 2 個委員會成員名單，這 2 個委員會是隸屬於社務會下的會議。

4. 新進人員考試委員會：53 年成立，該會的組織成員，主任委員由理事主席兼任，委員由理事及高級職員中聘任；考試時，則請監事會指派監事蒞場監考及監察命題、評分有無漏失等事項。〔註 37〕由於委員會的運作，理事會、監事會都有參與的情況下，在組織系統中，應歸爲板信社務會之下。

5. 其他委員會：民國 64 年以前，板信曾經組織過的委員會有：

（1）社籍清理小組：只在 54 年、56 年兩年組成過，小組成員由全體理事擔任，等同於理事會。

（2）社員代表、理、監事資格審查委員會：這個委員會是社員代表自主提案通過的組織。由理事主席爲委員會主席，委員是提請社員代表大會選任的，成員涵蓋理事、社員代表、社員，故在板信的組織系統內的權責，應直屬於社員代表大會下（見圖 3－1－3）。

〔註 34〕00－87－100－2，〈板橋鎮信用合作社 48 年度第 3 次社務會紀錄〉（1959 年 7 月 5 日）。

〔註 35〕00－87－100－2，〈板橋鎮信用合作社 52 年度第 3 次社務紀錄〉（1963 年 3 月 21 日）。本次會以抽籤方式推出理事主席、監事主席、5 位理事、2 位監事、經、副理共 11 爲董事。

〔註 36〕00－87－100－2，〈板橋鎮信用合作社 52 年度第 3 次社務紀錄〉（1963 年 3 月 21 日）。

〔註 37〕00－46－71－100－1，〈板橋鎮信用合作社 53 年度第 4 次理事會紀錄，附件〉（1964 年 4 月 21 日）；〈53 年度第 5 次理事紀錄，附件〉（1964 年 5 月 18 日）。

圖 3－1－3：板信民國 46 年至 65 年的組織系統

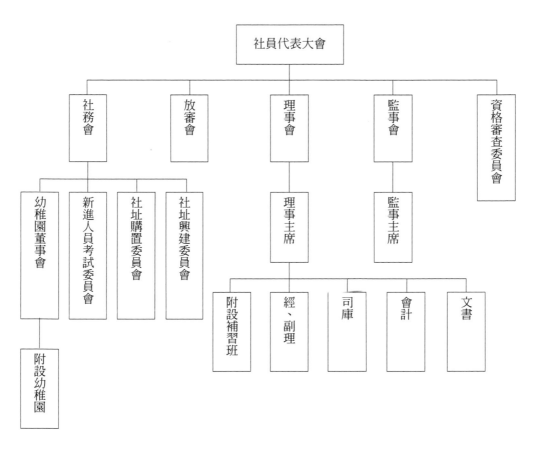

資料來源：本表係依板信 46 年至 64 年的社員代表大會、社務會、理事會紀錄內容整
理列示。

說明：各委員會成立時間如上述。

（二）林平賜時期的決策組織系統

　　林平賜為板信的籌備委員及創社理事之一，前後歷任理事 5 屆，曾以理
事身分兼任第一任經理。他於邱榮隆退休後，被選為第 7 屆理事主席（64 年
3 月至 67 年 3 月），菑任一屆，〔註38〕任內社業務操作多「蕭規曹隨」。板信
的組織系統的變革，在邱榮隆任內不曾提社員代表大會。將重新的規劃組織
系統，提社員代表大會通過，是任內重要的作為。

〔註38〕00－46－71－100－1，〈板橋信用合作社 69 年度第 2 次理事會紀錄〉（1980
年 2 月 29 日）。

　　就任後第二年（66年），他重新調整板信全社的組織架構，並提當年社員代表大會通過（見圖 3－1－4）。這是板信第一次將完整的組織系統，經由社員代表大會通過。從此形成制度，以後組織系統調整，都經由社員代表大會議決後施行。這次通過的組織系統有幾項重點：

1. 將附設幼稚園董事會明確的納入板信的組織系統內。
2. 將新進人員考試委員會正式定為常設組織。
3. 將新進人員考試委員會、放款審核委員會、幼稚園董事會自設組織，原為理事會聘請的，隸屬於理事會，由他提社員大會，正式提高至法定會議的層次。
4. 為了增加各級幹部的授權責任，將經理制提昇為總經理制。〔註39〕
5. 調整業務部門（下一章討論）。

圖3－1－4：板信民國66年社員代表大會通過之全社組織系統

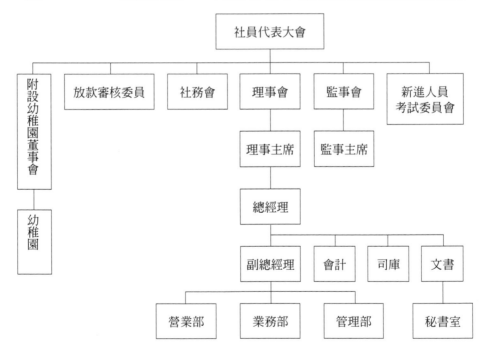

資料來源：依據板信編，〈65年業務報告暨66年度事業計劃書及營業收支概算書‧附件〉，頁60整理。

〔註39〕板信編，〈65年度業務報告‧66年度事業計畫及營業收支概算書‧附議案〉，頁60。

66 年社員代表大會同時通過改制的「總經理制」，〔註40〕本案在提請報備時，經台北縣政府卻函示：以信用合作社設「總經理」制，與合作社法施行細則第二十九條的規定不合給與否決。〔註41〕板信乃於同年召開之臨時社員代表大會宣告恢復「經理」制。〔註42〕板信的「總經理」制，要到民國 70 年財政部放寬規定後，才重提大會通過，並向主管機關核備後實行。

（三）邱明政時期的決策組織系統

邱明政為繼林平賜為板信理事主席（67 年 3 月至 82 年 3 月），任內的處事原則，特重「依法行事」，所以就任後，即著手導正板信的組織系統，以合乎信用合作社各項法規之規定為前提。

邱明政在任內先後 7 次，向社員代表大會提出組織系統修改的議案，這 7 次組織系統修改，大部分為因應業務快速增長的需求，將業務系統的部門作適當的擴增。〔註43〕只有民國 70 年度，為了符合信用合作社章程準則規定，提出決策組織系統的修改。將自設的組織系統，全部回歸在理事會之下。因為板信已具規模，為了爭取業務推展的時效，必須增加各級主管的授權，特將「經理制」，正式提升為「總經理」制（見圖 3－1－5）。

這次組織系統的修訂，明確了板信各種委員會在決策組織內的定位，確立理事會為板信最高執行機構的，凡自設的各種委員會，都需經由理事會決議通過後授權辦理。各委員會的決議事項，必須提理事會報備追認或報告。這個組織系統的架構確定後，至改制前，板信未再修改決策組織架構。而這次修訂，業務系統同時也改制為「總經理」制，並經主管機關同意核備，並70 年 4 月 1 日起正式施行。原經理林重豪成為第一任總經理。〔註44〕

在邱明政任內，任務性的委員會，以購置委員會最為重要。於 73 年設置了購置電腦專案委員會；75 年 5 月以後，依次成立永和分社、埔墘分社、民族分社 3 家分社的購置委員會；80 年成立員工訓練中心及幼稚園園址興建委員會。這些委員會都是由全體理事為成員，其實就等同於另一個形式的理事會，這些臨時性

〔註40〕 00－46－86－100－1，〈板橋信用合作社 66 年度社員代表座談會紀錄・理事主席報告〉（1977 年 4 月 7 日）。

〔註41〕 台北市政府財政局編印，《合作金融法令彙編》，頁 14。合作社的職稱分為經理、副經理……等。

〔註42〕 00－46－86－100－1，〈板橋信用合作社 66 年度第一次社員代表大會紀錄〉（1977 年 10 月 8 日）。

〔註43〕 板信 67、68、69、70、73、78、79 年歷年〈社員大會議案〉。

〔註44〕 板信人事室藏，〈板橋信用合作社人事資料卡〉。

質的委員會，依法經理事會通過即可，故在正式的組織系統表內都未標示。

　　在板信的組織系統內，評議會也是一個從未被正式標示的法定會議。依合作社法施行細則，為促進社務健全，得由社員代表大會推舉評議員，組織評議會，但主管機關的態度認為此會議效果不彰，以不設立為宜。〔註45〕

　　板信於53年、56年、65年都曾由社員代表於大會提議設置，經討論後被保留予以擱置。〔註46〕68年，社員代表大會再次提議，向主管機關函文請示評議會設置的疑義，財政部仍然函示以不設為宜。〔註47〕79年時，社員代表大會再度提案，會議紀錄經提請主關機關核備，這次主管機關不再表示意見，板信的評議會才得以正式設立。〔註48〕但這個會議，未曾有所作用，也一直未列入板信的正式的組織系統表中。

圖3－1－5：板信民國70年至86年決策組織

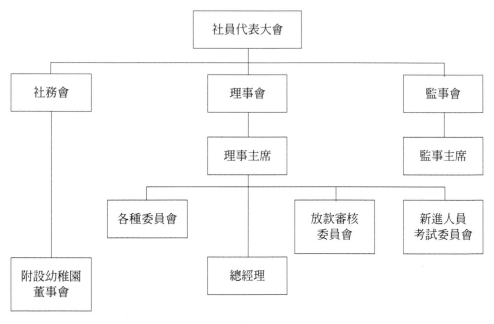

資料來源：依據板信編，〈保證責任台北縣板橋信用合作社70年度社員代表大會議案〉，頁2、3整理。

〔註45〕台北市政府財政局編印，《合作金融法令彙編》，頁81。
〔註46〕00－46－86－100－1，〈板橋信用合作社社員代表大會紀錄，53、56、65年度代表大會紀錄〉。
〔註47〕板信編，〈板橋信用合作社68年度第1次臨時社員代表大會紀錄，附件〉（1979年）。
〔註48〕00－46－86－100－1，〈板橋信用合作社79年度社員代表大會紀錄〉（1990年）。

（四）劉炳輝時期的決策組織系統

劉炳輝自 82 年 4 月 15 日起擔任板信第 13 屆、第 14 屆理事主席，迄 86 年 9 月 30 日改制爲「板信商業銀行」止，並續任董事長。他主事期間，板信組織系統的架構未有重大改變。

至 83 年 12 月 24 日，才依據財政部函示，及配合「信用合作社法」的訂立，變更「放款審核委員會」改爲「授信審議委員會」。〔註49〕「授信審議委員會」在板信的組織系統內、與原「放款審核委員會」地位相同，皆爲理事會下具專業功能的委員會。

板信附設幼稚園，創立於民國 51 年，歷時 35 年，至 86 年園務結束後，停止招生，停辦幼稚園全部的業務。在邱明政任內，已購置了板橋市中正路土地，預備作爲員工訓練中心及幼稚園新園區之用。81 年理事會議決興建，經向主管機關核備，〔註50〕財政部基於金融管理之必要及維護金融機構專業經營本質之考量，指示板信幼稚園「宜爲獨立之法人」。〔註51〕本案板信經多次討論，原有意讓「板信幼稚園」以獨立法人存在，再向板信租借新建園址經營。〔註52〕板信幼稚園使用的前園址，是由板信無償提供使用的。成爲獨立法人後，租用新建園址，每月收支的經費，恐不符成本效益。案經板信幼稚園董事會評估後，議決 86 年度園務結束後停辦，不繼續經營。經 86 年第 2 次理事會議決，乃將附設幼稚園正式排除在組織的架構外，也結束「板信幼稚園」35 年的歷史使命。〔註53〕

劉炳輝亦歷任板信監事、監事主席、理事數屆，了解板信會議的運作模式，任內運作最大的差異在與理、監事達成共識，認爲過去的各種自設委員會成員，多由全體理事擔任，實無成立的必要，故主事板信期間，主要決策

〔註49〕00－82－84－100－5，〈板橋信用合作社理事會紀錄，83 年度第 12 次理事會紀錄，討論事項第 4 案〉（1994 年 11 月 24 日）。

〔註50〕00－79－81－100－4〈板橋信用合作社 80 年度第 4 次理事會，討論事項第 9 案〉（1991 年 4 月 24 日）；及〈81 年度第 10 次理事會，討論事項第 10 案〉（1992 年 9 月 30 日）。

〔註51〕00－87－100－2，〈板橋信用合作社 83 年度第 3 次社務會件〉（1994 年 9 月 7 日）。附：「財政部台財第 810515066 號函」。

〔註52〕00－87－100－2，〈板橋信用合作社 83 年度第 3 次社務會〉（1994 年 9 月 7 日）。

〔註53〕00－85－86－100－6，〈板橋信用合作社 86 年度 8 月份第 2 次理事會紀錄〉（1997 年 8 月 25 日）。

多在理事會中形成，任務性的委員會較少設立。

他任內少有的自設委員會：

1. 除了依財政部規定設立的「授信審議委員會」外，只有 85 年 1 月依規定曾短暫的設立「社員代表、理、監事資格審議委員會」，審核理、監事候選人資格，在 8 月份理事會又議決，恢復由全體理、監事爲審議委員（社務會）。〔註 54〕

2. 爲改制商銀，在 83 年由全體理事組成「推動改制商銀委員會」；84 年成立「改制商銀推動小組」，這 2 個委員會的委員亦依板信慣例，由全體理事參與，所以在功能上也等同於理事會。但開會只需要 5 位委員即可開會與議決，這有別於以往的慣例。

（五）理事會與監事會的運作與互動

板信理、監事會間的關係，可以彼此尊重來概括，不曾發生過對立情事。第一任監事主席林水木連任 19 屆，是邱榮隆在板信支持力量之一。他在邱榮隆退休後，次年亦主動自板信退休。其後歷任監事主席，廖聰海、劉炳輝、林顯瑛、徐秀廷、王世原、張梅松、林功松、賴金波、葉進一等，與理事主席林平賜、邱明政、劉炳輝間之互動，都堪稱和順。監事會對社、業務之監察，均秉持「對事不對人」的原則處理，〔註 55〕有不同看法，也不吝向理事會建議。歷任理事主席對監事會亦持「高度尊重」的態度對待，每次正式監事會都親臨列席，無法列席亦向監事會告假。所以板信在合作社體制時，兩會未曾發生過對立之情事。這也是板信特點之一。

第二節　法定會議的運作

一、社員代表選舉及大會

板信社內的各項選舉事項，有法令規定者依據法令辦理，法令未規定而有需要之處，則提社員代表大會自訂。

〔註 54〕 00－85－86－100－6，〈板橋信用合作 85 年度第 3 次理事會‧討論提案第 1案〉（1996 年 1 月 22 日）；及〈8 月份第 2 次理事會‧討論提案第 1 案〉（1996年 8 月 26 日）。

〔註 55〕 參見附錄五葉進一訪談紀錄。

（一）社員代表選舉自訂之規則

1. 任期

板信第一屆社員代表是 46 年 12 月 15 日選舉產生的。選前為能順利選舉，在第八次社務會中，以「選舉規則」為規範，自訂社員代表選舉規則。當時法令並未對社員代表的任期作出統一規範。

板信則在「章程」中訂定社員代表任期為 2 年。〔註 56〕這項任期與理事的 3 年任期有一年落差，這個落差的影響，讓每 3 屆的社員代表，只能選出 2 屆理事。〔註 57〕這個現象頗為困擾，但未影響板信運作。直到 57 年時，才由內政部作出統一解釋，〔註 58〕將社員代表任期，准比照理事任期改為 1 至 3 年。板信在第 7 屆社員代表選舉時，才修改章程，將社員代表任期延長為 3 年，讓這兩項選任人員的任期獲得一致。〔註 59〕

2. 候選人資格

民國 59 年以前，合作社相關法令，對選任人員的候選人資格上並無嚴格的限定。這期間，板信因曾發生過部分選任人員的信用瑕疵問題，或借款延滯情形。〔註 60〕為了維護社譽，板信乃於 55 年參照法令，經社員代表大會通過，制定「社員代表、理、監事選舉規則」，具體列示候選人的資格。嚴格要求候選人及直系家屬的個人信譽及借款及票據信用。〔註 61〕這項規則，曾在第 6、7 屆社員代表、理監事選舉時實施過。

59 年後財政部為加強管理，頒佈了「選聘準則」，要求全體信用合作社的選任人員須一體遵行選出。板信乃依法辦理各項選舉事項。

〔註 56〕 板信編，〈板橋鎮信用合作社 58 年度社員代表大會議案〉（1969 年 1 月 26 日），頁 24。附件：「章程修改對照表」

〔註 57〕 〈板橋鎮信用合作社 48 年度～56 年度社員代表大會紀錄〉；及〈48 年度第 4 社務會記錄〉；〈50 年第 10 次理事會紀錄〉；〈52 年度第 11 次理事會記錄〉；〈54 年第 11 次理事會紀錄〉等。

〔註 58〕 台北市政府財政局編印，《合作金融法令彙編》，頁 157。

〔註 59〕 板信編，〈板橋鎮信用合作社 58 年度社員代表大會議案〉（1969 年 1 月 26 日），頁 24。附件：「章程修改對照表」。

〔註 60〕 〈板橋鎮信用合作社 48 年度第 1 次理事會討論事項第 3 案〉；〈48 年度第 2 次理事會討論事項第 2 案〉；〈48 年度第 7 次理事會討論事項第 2 案〉；〈50 年第 3 次理事會討論事項第 2 案〉；〈51 年第 9 次理事會研討事項〉等。

〔註 61〕 00－46－86－100－1，〈台北縣板橋鎮信用合作社 55 年度第 1 次社務會記錄‧討論事項第二案〉（1966 年 1 月 6 日）。

（二）社員代表選舉的分區

板信創社時，社員人數已超過 200 人，所以在 46 年 12 月分區選出第 1 屆社員代表。當時有社員 773 名，分 16 區，以每 12 名選初 1 名為原則，共 64 名。

隨著板橋地區經濟繁榮，人口增加，板信社、業務快速成長，社員日增。民國 60 年初又概括承受永和信用，讓板信業務區域涵蓋板橋、中、永和地區及土城部分村里。由於業務區域擴大，社員增加，62 年（8 屆）社員代表選舉的分區，將原中和地區劃為中和、永和兩區；同時將社後地區，也劃分為 2 區，共 18 區。第 9 屆選舉時，因板橋市人口持續快速增加，板信將社員增加較多的新埔區，再分為 2 區，共為 19 區。其後，社員仍然不斷增長，社員代表會中曾數度提案，要求重劃選舉分區。但由於各區社員代表，對本區的認同頗深而作罷。19 個選舉區的劃分就固定下來，至板信改制為商銀前，始終維持未變。

（三）社員代表大會

1. 社員代表的組成

板信社員代表分區選出（見表 3－2－1），但隨著台灣經濟發展，都市的繁榮，板橋市內各區發展，有極大的差別。創社時舊街 5 里社員人數，占總人數 50% 以上比例。40 年後，這 5 里有選舉權社員總人數為 2,581 人，占社員總數的比例不到 3%，社員代表人數 5 名，比例只有剩 3% 左右。原有偏遠地區：如廣福里、浮洲區、埔墘區、江翠區、土城區、中、永和區幅員較廣，隨著都市的成長，人口增長迅速，改制前（第 16 屆）這幾區（5 里以外）共選出的社員代表人數有 107 名，比例達 70% 以上。這些區域的社員與業務量的增加，對板信快速成長有很大的推昇力量。

板信改制商銀以前，共選出 16 屆社員代表。歷屆應選任社員代表全部的名額為 1,943 名，減除未就任、除名、死亡，任滿的總人次有 1,939 名；實際擔任人數則有 620 名，平均每名社員代表連任 3 屆以上。經統計分析，其中只任 1 屆的有 177 名，任 2 屆者有 158 名，任 3 屆者 85 名，任 3 屆以上者，有 200 名。連任最多次者有 4 名，這 4 名各曾任滿 11 屆；其中黃春榜、楊秉坤兩名為創社之社員，另兩名為中和區的葉樹木及浮洲區的劉炳哲（劉炳輝大哥）。〔註62〕顯見板信社員代表的人事非常穩定，這讓理、監事會的成員不

〔註62〕板信秘書室文書股編藏，〈社員代表年資表〉。

曾發生劇烈變動。人事上的穩固，讓板信避免權力結構變動時的紛爭，可以將全社的目標集中在業務上（表3－2－2）。

表3－2－1：板信歷屆社員代表選舉分區表

第1屆～第7屆		第8屆		第9屆～第11屆		第12屆～第16屆	
民國47年～61年		民國62年～64年		民國65年～73年		民國74年～86年	
區	里別	區	里別	區	里別	區	里別
1	留侯	1	留侯	1	留侯	1	留侯
2	流芳	2	流芳	2	流芳	2	流芳
3	赤松	3	赤松	3	赤松	3	赤松
4	黃石	4	黃石	4	黃石	4	黃石
5	挹秀	5	挹秀	5	挹秀	5	挹秀
6	社後	6	社後	6	社後、民權 建國、港尾	6	社後、民權 建國、港尾
		7	中正 自強、國光	7	中正 自強、國光	7	中正、自強 國光
7	景星	8	景星、福星	8	景星、福星	8	景星、福星
8	鄉雲	9	鄉雲	9	鄉雲	9	鄉雲
9	廣福	10	廣福、仁愛 福德、和平	10	廣福、仁愛 福德、和平	10	廣福、廣德 仁愛、福德 福祿、和平
10	湳興	11	湳興、新興	11	湳興、新興	11	湳興、新興 華興
11	新埔 松翠 江翠 嵐翠	12	新埔、松翠 江翠、嵐翠	12	新埔、公館 新民、松翠 江翠、嵐翠	12	新埔、百壽 中誠、公館 新民
						13	松翠、華翠 江翠、聯翠 嵐翠、福翠 溪頭
12	深丘	13	深丘、香丘	13	深丘、香丘	14	深丘、香丘 福丘
13	埔墘 港嘴	14	埔墘、福壽 双玉、振興 玉光、港嘴 光復	14	埔墘、福壽 双玉、振興 玉光、港嘴 光復	15	埔墘、福壽 九如、双玉 廣新、振興 玉光、坪墘 港嘴、光復

第1屆～第7屆		第8屆		第9屆～第11屆		第12屆～第16屆	
民國47年～61年		民國62年～64年		民國65年～73年		民國74年～86年	
區	里別	區	里別	區	里別	區	里別
14	浮洲 溪州 崑崙 樹林	15	浮洲、溪州 聚安、崑崙 中山	15	浮洲、溪州聚 安、崑崙 中山	16	浮洲、溪州 聚安、崑崙 中山
15	土城鄉	16	土城鄉	16	土城鄉	17	土城市（鄉）
16	中和鄉	17	中和鄉	17	中和市（鎮）	18	中和市
		18	永和市鎮	18	永和市（鎮）	19	永和市

資料來源：一、依據板信歷年〈理事會紀錄〉、〈社務會紀錄〉、〈業務報告〉整理。

　　　　　二、第6屆有團體社員代表3名，第7屆有4名，不列入分區內。

表3－2－2：板橋信用合作社歷屆社員代表就任任期統計表

任期	1任	2任	3任	4任	5任	6任	7任	8任	9任	10任	11任	合計
人數	177	158	85	55	43	40	21	18	16	3	4	620
比例%	28.5	25.6	13.7	8.9	6.9	6.5	3.4	2.9	2.6	0.4	0.6	100

資料來源：依據板信社員代表名錄

2. 會議

合作社社員代表（社員）大會有兩種：

（1）常年大會，每年至少召開一次，〔註63〕於年度終了後三個月內召開，並明定於章程。〔註64〕

（2）臨時會：理事會於必要時；或社員全體四分之一以上，以書面記名提議事項及其理由，請求理事會召集臨時社員大會。〔註65〕板信除了上述兩種大會外，於54年起，為了宣導法令、協調聯誼、宣傳業務等因素，常分區或不分區，不定期召開座談會。〔註66〕

板信歷屆社員代表對社務的參與非常積極，歷年（47年至76年）會議出

〔註63〕台北市政府財政局編印，《合作金融法令彙編》，頁6。
〔註64〕台北市政府財政局編印，《合作金融法令彙編》，頁142。
〔註65〕台北市政府財政局編印，〈合作社法〉，《合作金融法令彙編》，頁6。
〔註66〕板信編，各年度〈業務報告・重要記事〉。

席人數，出席比率最少的年度（54 年）爲 87%，其他年度都在 90% 以上。76 年度以後，已簽到人數推算出席比率，最少（80 年度第一次臨時會）亦超過 60% 以上。〔註 67〕

（3）會議情形

板信代表大會的會期，創社後初期，規模尚小，業務簡單，開會日期選擇星期六下午半天就結束，亦無臨時會之必要。52 年常年大會時，特爲板橋自來水廠擴建貸款案，將開會時間延長爲一天。同年 3 月，再爲自來水廠擴建追加貸款案，特別召開臨時社員代表大會。60 年 2 月爲追認概括承受「永信」，第二度召集臨時大會議事。

60 年後，板信規模日大，社、業務日增，社員代表參與社務的意願逐漸增高，召開臨時大會逐漸成慣例。63 年常年大會時，社員代表便要求，將合作會議費預算提高，編列三次大會的經費。〔註 68〕於是，每年召開臨時大會，乃成爲常例。

從民國 75 年後，國內民主氣氛大熾。板信的社員代表亦順應風潮，以最高權力機構的立場，積極要求參與「社內」事務，不以每年召開一次常會、一次臨時會爲滿足。77 年度召開第 1 次臨時會時，即要求修改章程，議決通過，將通常（常年）大會修訂爲「每年三、六、九、十二月份召集」。〔註 69〕本案經向主管機關核備，被核示不准核備，才作罷。〔註 70〕

其後，板信社員代表爲規避主管機關的核示，乃以拖延會期續會的方式開會，及加開臨時會方式抵制。通常大會，連續續會 3 天，並藉故召開 3 次臨時會。甚至在 80 年第 1 次臨時會時，爲加開臨時會，發生某社員代表，與

〔註 67〕依據板信歷年各年度〈社員代表大會紀錄〉：〈80 年度臨時代表大會紀錄〉，第 8 項，應出席社員代表人數 144 名，已簽到出席 89 名。

〔註 68〕00－47－86－100－1，〈板橋信用合作社 63 年度第 8 屆第 2 次社員代表大會會議記錄・討論事項第 10 案〉（1974 年 2 月 17 日）。

〔註 69〕00－47－86－100－1，〈板橋信用合作社 77 年度第 1 次臨時社員代表大會會議記錄・討論事項第 9 案〉（1988 年 4 月 17 日）。

〔註 70〕00－47－86－100－1，〈板橋信用合作社 78 年度臨時社員代表大會會議記錄〉（1988 年 4 月 17 日）；77／4／14，「板信」收文字第 688 號，〈台北縣政府函，中華民國七八年四月十一日，七八北府財三字第一〇三八二一號，說明二：「信用合作社社員代表大會之職權，主要係審核並接受業務報告及會計報告……，非屬經常業務性質，當無必要於章程中訂定每年三、六、九、十二月份各召集一次，況且依合作社法規定，合作社於必要時得召集臨時社員代表大會，本案有關通常社員代表大會之召集仍以一次爲限。」

列席的主管機關人員，意見相左爭執的事件發生。〔註71〕這種拖延會期及加開臨時會的現象，要到83年以後方較爲緩和。

如此現象，對理事會曾造成困擾，但因信用合作社的法定會議，各有職司，在地方主管機關督導下，踰越的決議事項都會被駁回，所以並未造成太大影響。

二、理事會、監事會、社務會之運作

理事會事是信用合作社的執行管理機關，依據法令，執行社員代表大會的決議，對所有社務、業務及財務等，作統籌規劃運作。監事會是信用合作社的監督稽查機關，監理理事會執行管理合作社日常活動，及監察合作社的帳務與財務，是否合乎法令規章；忠實履行社員大會（代表大會）決議；克盡善良管理人之職責，爲全理社員服務。信用合作社的理、監事會，各司其職，各有權責；並藉社務會讓理、監事共同與會，聯席討論，以集體協商方式，使社、業務、財務獲集思廣益、圓滿周延的效果。〔註72〕

（1）理事會

信用合作社理事會，實際經營信用合作社的社、業務，會議由理事主席負責召集，〔註73〕並爲當然之主席〔註74〕。理事主席對外代表合作社，對內召集理事會，有執行合作社之社務與業務之權責；並爲社員代表大會之主席。〔註75〕故理事主席之職位，爲信用合作社權力的核心，依法在社員代表大會、理事會休會時，掌理全社的事務。

台灣地方基層金融最被社會詬病的地方，在於地方政治勢力介入，內部形成對立的派系關係。〔註76〕或兩派敵對，互相抵制，爲了掌控權力，有時

〔註71〕郭維邦纂，〈板信社員代表大會演出走樣列席官員與社員代表衝突各說各話〉，《經濟日報》，中華民國，1991年9月14日，19版，地方綜合經濟（基隆－台北－苗栗）。

〔註72〕中華民國信用合作社聯合社編印，《台灣地區信用合作社發展史》，頁103～106。

〔註73〕台北市政府財政局編印，〈合作社法〉，《合作金融法令彙編》，頁7。

〔註74〕台北市政府財政局編印，《合作金融法令彙編》，頁149。

〔註75〕台北市政府財政局編印，《合作金融法令彙編》，頁168。

〔註76〕〈派系紛爭 農會大患〉，《經濟日報》，中華民國，1995年11月5日，08版，經濟熱線。

引入黑道恐嚇對方，造成社會不安，使社業務急遽衰退；〔註 77〕或一人獨攬大權，掌控內外，權力未受到應有的節制，讓其有機可稱，上下其手，弄權舞弊，釀成巨變，嚴重影響個別基層金融單位的生存。〔註 78〕板信主事者對這方面的弊病是極力的防止。

板信理事會歷任理事相互之間堪稱「人和」，並且人事穩定。板信存續期間內，共歷 14 屆理事會，應選理事的席次為 194 名，實際擔任理事職務者有 60 名，其中有 33 位連任 3 屆以上，占總人數 55%，從統計資料分析（見表 3－2－3），有意參與板信理事會之人士不少，但現任者有較大優勢，即使競選最激烈，如第 8 屆理事會，連任的比率也超過 60% 以上。再經進一步分析，60 位理事中，除 11 位為創社理事外，有 4 位曾任監事主席，3 位曾任監事，4 位曾任監事及社員代表，20 位由社員代表轉任，4 位由幹部兼任或退休幹部轉任，〔註 79〕另外 14 位出任理事者，也都是與板信有緊密關係者或為堅實之客戶，透過選舉出任理事，如邱明政、陳錦成、朱茂陽等〔註 80〕。由此知板信歷任理事會是一個非常緊密的團體，外人很難直接插入板信這個團體。

表 3－2－3：板信歷屆理事選舉統計

屆次	時間	候選人	當選	候補	新任	未連任	未續任	備　註
1	46 年 4 月 25 日	20	11	3	11	—	—	
2	49 年 1 月 23 日	22	11	3	1	—	1	過逝 1 人、遞補 1 人
3	52 年 2 月 10 日	27	11	3	5	4	1	過逝 1 人、遞補 1 人
4	55 年 1 月 30 日	25	11	3	2	2		
5	58 年 1 月 26 日	—	11	—	3	—	3	缺紀錄
5	59 年 1 月 31 日	5	4	1	5	—	—	增補選、過逝 1 人、遞補 1 人

〔註77〕〈中市四信理事主席住宅遭槍擊〉，《經濟日報》，中華民國，1995 年 10 月 25 日 03 版，焦點。

〔註78〕〈基層金融的錢與權 系列報導六之三：內外場派 力求恐怖平衡〉，《經濟日報》，中華民國，1995 年 11 月 29 日，04 版，金融。

〔註79〕板信理事兼總經理者有：林平賜、林重豪、陳錦成；朱茂陽為副總經理退休後轉選任為專業理事。

〔註80〕陳錦成、朱茂陽為板信總經理及副總經理。

屆次	時間	候選人	當選	候補	新任	未連任	未續任	備　註
6	61 年 3 月 25 日	18	15	3	4	1	3	過逝 1 人、遞補 1 人
7	64 年 3 月 22 日	19	15	4	3	2	1	
8	67 年 1 月 28 日	26	15	5	7	6	—	過逝 1 人、辭職 1 人、遞補 2 人
9	70 年 4 月 12 日	15	15	—	1	—	—	過逝 1 人；林清水再任
10	73 年 4 月 29 日	21	15	5	5	2	2	
11	76 年 3 月 22 日	19	15	4	3	2	1	過逝 1 人、遞補 1 人
12	79 年 3 月 25 日	18	15	3	4	2	2	解職 1 人、遞補 1 人
13	82 年 3 月 28 日	15	15	—	4	—	4	過逝 1 人、辭職 1 人
14	85 年 4 月 27 日	17	15	—	5	2	1	

資料來源：理事選舉紀錄依據表列年度之社員代表大會紀錄整理。

　　板信 14 屆理事會中，共產生 4 位理事主席，邱榮隆、林平賜、邱明政、劉炳輝。各別任期為邱榮隆自創立至 64 年初，共 18 年；林平賜自 64 年至 67 年初，任職 3 年；邱明政事從 67 年迄 82 年初，連任 15 年；劉炳輝由 82 年擔任理事主席至 86 年 9 月改制為「板信商銀」後，續任商銀董事長至今。

　　4 位理事主席中，邱榮隆為板信創社理事主席，連任 6 屆主席職務。林平賜為創社理事之一，第一任經理，歷任板信 5 屆理事，續邱榮隆任理事主席 1 屆，兩人共連續主事理事會 21 年，歷時板信近半之存續期間。

　　邱明政繼林平賜後，擔任理事主席職務，他是邱榮隆長子，克紹其裘，先任職理事 1 屆，後續林平賜為理事主席，連任 5 屆 15 年；父子兩人主持板信，共計 33 年，占板信 40 年歷史的 82.5%，對板信的發展影響最大。

　　劉炳輝接續邱明政理事主席職務，從民國 70 年起，歷任監事 2 屆，監事主席 1 屆，73 年起連任 3 屆理事，82 年初繼任理事主席，在第 2 個任期內推行改制，將信用合作社體制，依法變更為「板信商業銀行股份有限公司」，成為真正的銀行，並繼續擔任商業銀行董事長（見表 3－2－4）。他選任板信的職務前後，亦共歷了 17 年。

表3－2－4：板信歷屆理事主席選舉統計

屆次	會次	會議日期	當選人	出席人數	互選得票數							廢票
					姓　名		姓　名		姓　名			
1	1	46年5月3日	邱榮隆	10	邱榮隆	7	徐朝鳳	2	邱海水	1		－
2	2	49年2月8日	邱榮隆	10	邱榮隆	9	徐朝鳳	1	－			－
3	2	52年2月20日	邱榮隆	10	邱榮隆	7	徐朝鳳	2	邱海水	1		－
4	2	55年2月13日	邱榮隆	10	邱榮隆	9	江宜火	1	－			－
5	2	58年2月11日	邱榮隆	11	邱榮隆	7	邱海水	3	林振利	1		－
6	4	61年4月21日	邱榮隆	14	邱榮隆	11	歐　潤	1	林延湯	1		1
7	4	64年4月7日	林平賜	15	林平賜	8	林重豪	6	林清水			
8	3	67年2月17日	邱明政	15	邱明政	11	邱海水	4	－			
9	6	70年6月8日	邱明政	15	邱明政	14	－		－			1
10	5	73年5月12日	邱明政	15	邱明政	15	－		－			
11	8	76年6月6日	邱明政	14	邱明政	14	－		－			
12	4	79年4月14日	邱明政	15	邱明政	14	林清水	1	－			
13	7	82年4月15日	劉炳輝	15	劉炳輝	9	黃順燕	6	－			
14	5	85年5月13日	劉炳輝	15	劉炳輝	15	－		－			

資料來源：理事主席選舉紀錄，係依據板信表列年度時間之各會次理事會紀錄內選舉
　　　　事項整理。

　　板信理事會可稱「人和」，歷任理事主席選舉，除了在新舊任移轉之際，有
出現競爭者外，4位理事主席任內，都得到極高支持度（見表3－2－4）。〔註81〕
這種現象主要爲板信4位理事主席處理社、業務時，秉持「依法辦理」的原則，
主持理事會「以和爲貴」，不堅持己見，不強行通過議案；有爭議的事務，如有
法令根據，即依法令辦理，對法令解釋有疑異時，則不厭其煩的請示主管機關
指示，如65、66年社員代表林英俊連續2年申訴的社員資格問題，都依規定請

────────────

〔註81〕第二位理事主席林平賜爲創社理事並兼任經理6年，只擔任第7屆理事主席1
　　　　屆。

示主管機關。〔註82〕尤其是，社員代表、理、監事候選人的資格疑義，必得到明確解釋，讓當事者無所異議。因為立場頗受肯定，所以能得主管機關、地方各界、及板信社方內外的信任，並獲得高度的支持。如從67年，理事主席常川駐社後，前兩年績效由主管機關考核，68年獲得考評為97.5分，69年考評96分的極高評價；其後改由理事會辦理，因每年社業務成長良好，績效有目共睹，故二位主席年年都獲理事會評定為「優等」的考核。〔註83〕

　　板信理事會理事的連任比率相當高，除了第3屆、第8屆未滿60%外，其餘各屆都超過7成（見表3－2－3），雖然人事的替換率不高，但每一屆都有新人加入理事會行列。〔註84〕板信理事會創立時，第1屆曾擔任社員代表、理事、監事或幹部者，這一批元老級人員，參與理事會的意願很高，至第6屆時仍占有8位，第7屆尚有7位在任。第8屆理事會被認為新的世代的開始，有26位候選人參與競選，邱明政新任理事主席，有7位新當選理事，被認為板信理事會大換血，但仍有5位元老級理事在任。〔註85〕板信的存續期間，各屆理事會，都有創社時的元老級人員參與，這也是一個特點。〔註86〕

（2）監事會

　　監事會是信用合作社負責監察稽核的機構，每一位監事都得各別查帳，但需將結果提報監事會。〔註87〕當合作社理事與合作社訂定契約，或訴訟時由監事會代表合作社。〔註88〕社員代表大會開會，理事主席缺席時，以監事主席為主席。〔註89〕監事主席代表監事會行使職權，須經監事會決議。〔註90〕

〔註82〕 00－46－71－100－1，〈板橋信用合作社 65 年度第 6 次理事會紀錄〉（1976年 7 月 28 日）；及〈板橋信用合作社 66 年度第 1 次理事會紀錄〉（1977 年 1月 12 日）。
〔註83〕 板信 68 年度至 86 年度理事會 3～4 月份理事會紀錄。
〔註84〕 板信文書股藏，〈理監事名錄〉。第 9 屆新任理事林清水，曾任第 5、6、7 屆理事，第 8 屆未連任。
〔註85〕 第 8 屆創設元老人員當選理事有：劉順和、邱春木、林平賜、邱海水、林重豪（林水墳改名）。
〔註86〕 第 12 屆理事會任滿，最後 1 位創社理事邱海水卸任退休，第 13、14 屆理事會「專業理事」推任創社時已聘任在職員工林重豪（退休總經理）、陳錦成（當屆總經理）、朱茂陽（退休副總經理）擔任。
〔註87〕 台北市政府財政局編印，《合作金融法令彙編》，頁 170。
〔註88〕 台北市政府財政局編印，《合作金融法令彙編》，頁 5、6。
〔註89〕 台北市政府財政局編印，《合作金融法令彙編》，頁 14。
〔註90〕 台灣省合作事業管理處編印，《合作法令彙編》，頁 534。「內政部 73／12／26

　　信用合作社的監事會與理事會，在組織結構上同等重要，但監事的人數與任期相較於理事都較少、較短，在執行職務上不如理事會能有積極的作爲。對外不能代表合作社〔註91〕。在社、業務方面，如有應興、應革的意見，只能向理事會建議，或於社務會上提案作成決議，交理事會執行。故一般人在認知上，多認爲監事會的權力，不如理事會重要的看法。

　　板信監事會共38屆〔註92〕，有190個監事席次，實際任職人數只有38位。板信的社員代表、理事、監事這三種職位有一種微妙之關係，監事有如其他二會的中介，38位監事中，有12位轉任理事，約占監事人數3成。進一步分析，38位監事中，5位創社監事，有3位轉任理事；其餘33位有20位，曾任社員代表，再轉任監事，約占6成人數，這20位中有5位爲第一屆社員代表，占社員代表轉任監事人數的25％。

　　板信歷任監事會，共選出11位監事主席，其中創社監事主席林水木連任19屆，幾乎占50％的時間；其餘10位監事主席中，有五位轉任理事。

　　從對板信理、監事的統計分析發現，欲參與板信事務者，由選任社員代表開始，轉任監事，再轉任理事，或由社員代表直接參與選任理事，占有很高比率。

（3）社務會

　　社務會是信用合作社的法定會議之一，〔註93〕爲理事、監會的聯席會議，以集體協商兩會相關的事務，具有協調機制。〔註94〕社務會每三個月至少召開一次，由理事主席召集，會議主席於開會時由出席理、監事中推選，會議須有監事出席，方視爲社務會。

　　板信理事會、監事會間之互動「和諧」，兩會藉由社務會溝通無礙。在邱榮隆任內，社務會頗受倚重，創立初期許多重大議案，多提經社務會討論議決的，如創社當年，召開了7次社務會，決定許多重要議案。〔註95〕其後各

　　台内社字第一八〇〇八六函復台灣省合作事業管理處」。

〔註91〕台北市政府財政局編印，《合作金融法令彙編》，頁152。「監事會對外行文應由理事主席行之」，參見内政部43／8／19内社字第五四一四七號令。

〔註92〕台灣省合作事業協會編印，《合作法令輯要彙編》，頁33。「理事、監事任期均爲三年……」。

〔註93〕台北市政府財政局編印，《合作金融法令彙編》，頁6。

〔註94〕中華民國信用合作社聯合社編印，《台灣地區信用合作發展史》，頁106。

〔註95〕00－87－100－2，〈板橋鎮信用合作社46年度第1次社務會紀錄〉（1957年5月14日）。46年第1次社務會討論：股金繳納案、社址租賃、職員聘用、社址修建、顧問聘請、合庫開户等案。

年度的預算、決算等，人員編制、規則修改，亦多提於社務會上討論議決。〔註96〕林平賜續任後，任內亦無多少改變。

　　邱明政就任初期，年度的決算、預算亦曾提社務會討論。〔註97〕他的處事風格，強調遵守法令，所以調整組織系統，回歸法令規定。屬於理事會的職務，提理事會討論決定；屬於社務會的事務，才提社務會。後期，有些與放款業務有關的事務，如每一社員放款最高限額、各級主管〈授信〉授權額度等，監事會特別在意，也提社務會討論求取共識。〔註98〕

　　劉炳輝擔任理事主席時，板信社業務擴張更加迅速，監事會監察稽核的任務繁劇，社務會的次數與議案漸次簡單，但有重大之事務發生時，也藉由理、監座談會來凝聚共識，以作為決策之依據，如86年為合併高雄五信，及連續召集8次的理監事座談會。〔註99〕

　　（三）評議會：在板信40年的歷史中，設置評議會的設置案，是爭議最多的議題。「合作社法施行細則」內有條文規定；但財政部曾於64年函示各社，以不設為宜。〔註100〕因此設置評議會一案，常在板信社員代表大會引發爭議。

　　設置評議會的問題，板信曾於民國54年、56年、65年被提出來討論，但都議決保留。〔註101〕隨著台灣民主發展，板信社員代表的自我意識強烈，77年的臨時代表大會中，再次提出討論，經與會代表強力議決通過設置。〔註102〕本案經函請核備，主管機關仍函示：「以不設為宜」。〔註103〕唯板信社員

〔註96〕00－87－100－2，〈板橋信用合作社63年度第1次社務會紀錄・討論事項第1至6案〉（1974年1月14日）。

〔註97〕00－87－100－2，〈板橋信用合作社69年度第1次社務會紀錄・討論事項第4、5案〉（1980年1月14日）。

〔註98〕00－87－100－2，〈板橋信用合作社81年度第1次社務會紀錄・討論事項第5、6案〉（1992年4月13日）。

〔註99〕00－85－86－100－6〈板橋信用合作社86年度理事會紀錄〉。理監事座談會於86年6月13日、6月15日、6月17日、6月20日、7月8日、7月15日、7月25日、8月26日共8次。

〔註100〕台北市政府財政局編印，〈社務法規・信用合作社有關組織問題應行改進事項〉，《合作金融法令彙編》，頁181。

〔註101〕板信54、56、65年度〈社員代表大會紀錄〉。

〔註102〕00－47－86－100－1，〈板橋信用合作社77年度第1次臨時社員代表大會會議記錄・討論提案第7案〉（1988年4月17日）。

〔註103〕00－47－86－100－1，〈板橋信用合作社77年度第3次臨時社員代表大會會議記錄〉（1988年12月11日）。

代表自主意識高昂，於 78 年常會續會時，重新提案議決設置「評議會」。〔註104〕這次會議紀錄提請核備時，主管機關卻不再表示意見，准於核備。於是在 79 年常會時，板信正式修訂章程設置評議會。〔註105〕

　　一般民間團體有設置評議會的規定，旨在督導理、監事會執行大會的決議事項。但政府各級主管機關對基層金融機構監督嚴密，且信用合作社之評議會功能不顯，自是不設為宜。板信社員代表一再提案設置，除了法令規定外，最主要目的希望透過評議會組設，展現社員代表大會自主的意思。其自 79 年成立後，先後歷 6 年，期間除了形式上的舉辦會議，由理事主席到會報告社員代表大會議決案的執行情形外，並無實質的成效顯現。

第三節　業務組織

　　板信在同業中，屬於後起之秀，戰後政府核准成立，新設立的 10 家信用合作社之一。〔註106〕民國 46 年開業之時，僅有 9 名員工的小合作社，業務區域限制在板橋一地。隨著國家經濟發展，地方繁榮，迄民國 86 年改制前，已有超過 10 萬名的社員，60 億股金，為全國同業中，獲利最高的知名地方金融。〔註107〕

　　板信的經營，屢次獲得主管機關的肯定。民國 60 年，經主管機關核准，概括承受永信，使業務區域擴及中、永和、土城，涵蓋 4 個縣轄市。信用合作社的規模，除了以業務區域衡量外，營業單位多寡也是重要的比較項目之一。信用合作社分社申請是主管機關嚴格控管的一項，儘管板信有優於同業的績效，但申請分社從未被優惠，改制前也只有總、分社 11 個單位。

　　板信的規模因為業務區域擴張，營業單位增加，社、業務業也隨之快速成長。故在改制為商銀前，它的業務組織系統為因應快速成長，引發了內部

〔註104〕00－47－86－100－1，〈板橋信用合作社 78 年度常年社員代表大會續會會議記錄・臨時動議第 1 案〉（1989 年 4 月 2 日）。
〔註105〕00－47－86－100－1，〈板橋信用合作社 79 年度常年社員代表大會續會記錄・討論審議事項第 7 案〉（1990 年 3 月 26 日）。
〔註106〕民國 46 年以後共核准 10 家新信用合作社，為板信、陽信、苗栗信用、南投信用、鳳山信用 5 家於 46 年成立，新營信用 47 年成立，宜蘭信用於 49 年成立，永和信用、彰化四信 51 年成立，屏東二信 58 年成立。另三重一信籌組成立，但未營業即解散。
〔註107〕板信編，〈板橋信用合作社 84 年度業務報告・主席致詞〉。

巨大的變革與擴張。在 40 年中，業務組織的調整達十餘次，正反映這個現象。對業務組織的變化，爲了清楚的顯現，亦以理事主席的任期作區分，說明重要的變革。

一、業務區域的擴張

　　信用合作社的業務區域對組織規模大小有相當的關係。板信設立之初，業務區域原只限於板橋鎮行政區域內。〔註 108〕當時籌措股金非常困難，板橋鎮內戶數未滿 1 萬，〔註 109〕實難以募足款項，社員徵集乃擴及鄰近鄉鎮之中和、土城，最遠到達樹林、鶯歌等地。對於超越板橋市以外的社員，政府嚴格限制，只准土城鄉內確有社員往來的 6 個村里，方准列爲業務區域，其餘皆被排除在外。〔註 110〕82 年土城鄉升格爲「縣轄市」，〔註 111〕當地的顧客極力增取土城全市納入板信的業務範圍內，亦未能如願。到了 85 年，在金融自由化的政策下，經板信多次爭取，財政部才同意將土城全市納入板信的業務區域內。〔註 112〕

　　概括承受永和信用，是板信一個很重要的轉鈕點。59 年財政部大力整頓營運不良之信用合作社，要求限期改善。永和信用開業後績效不佳，經多次改組理事會，但經營不見成效，且累計虧損近 500 萬元。59 年 10 月被飭令停業清理，消息傳出，該社客戶萬分恐慌。清理期間，永和地方人士曾計畫改組接辦未果；12 月財政部遂命令清理解散。事經報載，引起各界注目，永信理、監事遂主動向板信接洽合併事宜，各地同業亦恐處理不當，對信合社引發不良效應，亦敦促板信接辦。因年關在即，爲了安定社會民心，財政部及台北縣政府也同意由板信承受。概括承受永信因時間倉促，

〔註 108〕00－46－71－100－1，〈板橋鎮信用合作社 60 年度第 1 次臨時社員代表大會紀錄·討論事項〉（1971 年 2 月 14 日）。附件：「章程條文修改對照表」。

〔註 109〕盛清沂、吳基瑞編纂，《板橋市誌》，頁 333。民國 46 年底，板橋鎮戶數爲 9,006戶，人口爲 45,886 人。

〔註 110〕台北市財政局編印，《合作金融法令彙編》，頁 81。參見：財政部 61／11／28台財錢第二一二五一號令，「信用合作社業務區域問題處理原則」第二項。

〔註 111〕土城市志編纂委員會，《土城市志》（台北縣：土城市公所，1994 年），頁 77。

〔註 112〕00－85－86－100－4，〈板橋信用合作社 85 年度 6 月份第 1 次理事會紀錄，報告事項第 12 項〉（1996 年 6 月 19 日），附件：「台北縣政府八五北府才三字第一六二九一八號函轉財政部八五、五、七台財融第八五五一九二四一號函」。

程序上是財政部核准後，再提板信社員代表大會追認的。本案於 60 年 2 月 14 日召開臨時社員大會，會中台北縣長蘇清坡親臨大會致詞，表明縣府支持的態度。〔註 113〕

本案板信必須出資 117 萬餘元，當時（59 年）板信正再勸募社員增股，總股金突破 3 百萬元。這項出資額就占股金總數 38％以上，〔註 114〕讓部分與會社員代表有所疑慮，經過冗長討論，由於事關重大，乃採取板信開會時少有的表決方式。因蘇縣長及理事會受到大多數社員信任，當天出席社員代表共 90 位（全體社員代表 92 位），贊成者有 84 位，另 6 位則記名反對，讓本案以絕對多數追認通過。會中同時修改章程，將「保證責任板橋鎮信用合作社」改爲「保證責任板橋信用合作社」，業務區域改爲板橋鎮、永和鎮、中和鄉、土城鄉（部分），4 個行政區域爲業務區域。〔註 115〕

板信承受永信是一個特例，這項決策，讓板信的業務區域由板橋鎮，擴展爲二鎮、一鄉及土城鄉一部分。財政部對信用合作社的業務區域，在 78 年以前採取嚴格的管控原則，故板信獲得這項難得的機會，業務區域涵蓋 4 鄉鎮，這 4 個地區是台北縣最精華所在，單經由這次的合併，板信業務區域內的人口從 126,980 人，瞬間增至 341,347 人，增加比率達 269％左右的人數，這對板信未來的發展，及組織規模的擴充，是非常重要的關鍵因素之一。

二、營業單位的增設

金融機構組織規模的大小，除了資本額、存款、放款多寡爲衡量標準外，分支單位數量，也是比較項目之一。

（一）分社申設的限制

信用合作社分社設立，也是財政部嚴格管控的項目之一。主管機關對信用合作社業務區域，及營業單位的規定，其主旨在於限制各地信用合作社的規模，在一定的小區域範圍內，做小規模的經營。

分社設置的限制，最早的法令在 53 年由行政院發佈，限制信用合作社在

〔註 113〕00－46－71－100－1，〈板橋鎮信用合作社 60 年度第 1 次臨時社員代表大會紀錄〉（1971 年 2 月 14 日）。
〔註 114〕板信編，〈板橋信用合作社 60 年度業務報告〉（1971 年），頁 8。
〔註 115〕00－46－71－100－1，〈板橋鎮信用合作社 60 年度第 1 次臨時社員代表大會紀錄〉（1971 年 2 月 14 日〉。

鄉鎮不得設立。〔註116〕73 年，財政部統一規定金融機構每年申請增設分支機構的條件，信用合作社方面，限制申設分社每年以一處爲限，已設立的分社數，在縣轄市已達 3 處者，不得申請。77 年第二次修訂，再放寬爲縣轄市或鎮者放寬爲最多 6 處。〔註117〕爲因應金融國際化及自由化，財政部82 年才再放寬國內金融機構申設分支機構之規定，但信用合作社總社位處縣轄市及鎮者不得超過 9 處。〔註118〕

84 年爲配合「信用合作社法」實施，財政部針對信用合作社，有限度的放寬縣轄市以下信用合作社的業務區域及新分社的申設。〔註119〕但板信已經在籌措改制事項，所以此次開放措施，對板信規模的拓展，並無作用。

（二）分社的申設

金融機構對客戶的各項服務，都必須透過各地設立的營業據點，才得以實現。分支機構的多寡，也是業界衡量規模的指標之一，故各行庫在法令許可及符合成本效益之條件下，無不企求廣佈分行（社），來拓展業務，以獲取最大利益。

表 3－3－1：板橋信用合作社總社、各分社一覽表

順序	設置日期	單位名稱	涵蓋業務區域	位 置
1	46 年 7 月 5 日	總社	舊街、湳子、社后、深丘、新埔、浮洲	板橋市文化路 11 號
2	58 年 4 月	儲蓄部	後埔、鄉雲、景星、深丘、廣福、	板橋市四川路、成都街口
3	59 年 7 月	永和分社	永和市	永和市永和路、仁愛路口
4	62 年 10 月	埔墘分社	埔墘、港子嘴、深丘、中和員山	板橋市中山路、三民路交叉口

〔註116〕台北市政府財政局編印，《合作金融法令彙編》，頁 82。「行政院 53／7／24 台五十三才五一四八號令」。
〔註117〕00－76－78－100－3，〈板橋信用合作社 78 年度理事會紀錄‧報告事項第 7 項〉（1989 年 1 月 26 日）。附件：「財政部 78／1／18 台財融第七七○四八五九六七號函」。
〔註118〕台灣省合作事業協會編印，《合作法令輯要彙編》，頁 139、143。「財政部 84／4／13 台財融第八四七一二四八八號函」。
〔註119〕台灣省合作事業協會編印，《合作法令輯要彙編》，頁 143。「財政部 84／3／27 台財融第八四七一三四三○號函」。

順序	設置日期	單位名稱	涵蓋業務區域	位　置
5	64 年 1 月	華將分社	江子翠、新埔	板橋市文化路二段 382 號
6	65 年 10 月	民族分社	民族、國泰、中和員山	板橋市民族路、漢生東路口
7	78 年 3 月	中和分社	中和市	中和市中和路242 號
8	79 年 1 月	土城分社	土城市	土城市中央路一段 289 號
9	83 年 4 月	中正分社	社后	板橋市中正路330 號
10	83 年 4 月	大觀分社	浮洲、溪州、沙崙	板橋市大觀路二段 155 號
11	83 年 12 月	興南分社	中和市南勢角	中和市興南路夜市口

資料來源：一、板信編：歷年度〈業務報告・重要記事〉

　　　　　二、陳錦成、朱茂陽訪談紀錄。

　　板信在民國 61 年板橋市改制為「縣轄市」之前，被歸屬為城鎮型信用合作社，曾於 52 年、53 年申請比照縣轄市設立分社之議〔註 120〕，因法令限制未被同意。至 55 年 5 月份，方准板信設立儲蓄部，7 月 5 日開始營業。〔註 121〕

　　金融機構儲蓄部設立，只是將總社內部存、放款業務，區分為信用部及儲蓄部而以。須於儲蓄存款達到一定規模時，才得申請遷出獨立營業，視為另一個營業單位，其可承辦之業務幾與一般分社無異。58 年底，板信儲蓄部達到符合遷出獨立營業的規定，〔註 122〕經向主管機關申請，〔註 123〕59 年 4 月奉准，7 月 3 日開幕營業，部址設在板橋市四川路上（後埔地區）。增設一個營業單位，對板信業務成長助益良多。

〔註 120〕00－46－71－100－1，〈板橋鎮信用合作社 52 年度第 9 次理事會記錄，討論事項第 1 案〉（1963 年 9 月 27 日）；及〈板橋鎮信用合作社 54 年度社員大會議案〉。
〔註 121〕板信編，〈板橋鎮信用合作社 56 年度社員大會議案〉，頁 3、4、15、16。附件：「55 年度重要記事及儲蓄部資產負債表」。
〔註 122〕00－46－71－100－1，〈板橋鎮信用合作社 58 年度第 2 次理事會紀錄・主席致詞〉（1969 年 2 月 11 日）。「財政部 68／6／25 台財錢第一六六八七號函，『信用合作社儲蓄部遷移單獨營業標準』規定申請前 6 各月儲蓄存款平均餘額須達新台幣 1 億元，總存款達 4 億元以上，儲蓄部資本額縣轄是超過 300 萬元」。
〔註 123〕板信編，〈板橋鎮信用合作社 59 年度社員代表大會議案・重要紀事〉（1970 年），頁 3、4。

　　承受永信，讓城鎮級的板信，特例獲增一個永和分社，除了擴大業務區域及增加營業據點外，在業務上對板信是有很大的助益。當時，台北市、板橋鎮各有一個票據交換所，板橋、中和地區等地銀行代收的他行支票，是透過板橋票據交換所交換；各行庫客戶存入台北市的他行支票，則屬於外埠票據，需要透過台北市的代理行的分行代理提出交換，信用合作社則需委託合作金庫代理交換。這種外埠票據交換作業，是以人工處理，郵寄往來曠日廢時，少則 5、7 天，多則 10 日、半個月，非常不便。永和地區銀行的票據交換作業，則屬於台北市票據交換所。板信將客戶託收之台北市他行支票，以內部作業方式，交由永和分社提出交換，次日即可獲得資金，迅速方便。中永和地區之票據，則反向操作。這項優勢，讓客戶持有之票據資金，提早一至二日入帳，使板信業務拓展，較同區金融機構，更加有競爭力，也是重要契機之一。〔註124〕

　　板橋市於 61 年申請改制，於 7 月 1 日正式升格爲縣轄市。〔註125〕板橋市升格，板信順理成章升格爲縣轄市級的信用合作社，依規定得申設分社。爲拓展業務，即連續三年提出申請。62 年 10 月，埔墘分社開幕；64 年 1 月，設立華將分社；65 年 10 月，民族分社正式營業。板信從 59 年初至 65 年底，擴展到 6 個總分社，得使各項社、業務蓬勃發展，存款成長到 12 億元，放款 8 億元，社員 8,710 人，股金有 1,429 萬餘元。〔註126〕

　　66 年，板信忽然爆發「永和分社弊案」，〔註127〕板信營業據點的拓展乃嘎然而止。爲弊案訴關係，板信的社、業務被各級主管機關監管了數年，營業據點的增設暫被限制。板信乃採取在地深耕的方式推展社、業務，也有很好的績效。永和弊案後，經 6、7 年努力，74 年再度獲得主管機關肯定，受頒「財政部獎」。〔註128〕依當時之規定，板信分社數已滿，雖然受到肯定，但受限於法令，無緣增設新的營業單位。到了 77 年，新規定放寬爲 6 處。板信在板橋地區，基礎以穩固，乃往中和及土城地區發展，78 年 3 月先設立「中和

〔註124〕參見陳錦誠訪問記錄。

〔註125〕盛清沂、吳基瑞編纂，《板橋市誌》，頁9。

〔註126〕板信編，〈板橋信用合作社 65 年度業務報告〉（1976 年），頁 8、10、26。

〔註127〕00－47－86－100－1〈板橋信用合作社 67 年度社員代表大會記錄·臨時動議第 1 案〉（1978 年 1 月 28 日）。及〈合社經理神通大冒領三千四百萬〉，《聯合報》，中華民國，97 年 6 月 29 日，03 版。「永和分社主任楊某利用職權挪用客戶存款，案經調查局調查」。

〔註128〕板信編，〈板橋信用合作社 74 年度業務報告·重要紀事〉，頁 7。

分社」；79 年 1 月，土城分社開幕。〔註 129〕業務區域內 4 個行政區才都有分社服務。

　　除了設立分社，76 年起，政府開放證券業務，各地證券公司紛紛成立。板橋地區也先後設立數家證券公司，這些公司股東成員與板信頗有淵源，故先後代理「海山證券」、「合泰證券」、「廣盛證券」、「大昌證券」、「和興證券」等公司代收股款業務，〔註 130〕至 85 年改制前後，才因故陸續裁撤。

　　82 年，財政部二度開放信用合作社分社設立，縣轄市級信用合作社分社開放為 9 處。板信即著手將營業據點延伸至新興地區，83 年分別設立「中正分社」、「大觀分社」及「興南分社」，均為新興的繁榮地區（見表 3－3－1）。〔註 131〕

三、人事規模

　　企業內部的人事規模也是衡量組織系統的一個重要指標。板信開業時有員工 9 人，其中經、副理為兼職，正式員工 6 名，工友 1 人，人事非常精簡。其後隨著社、業務及組織規模部斷擴大，人員也逐步增加，板信為了確保人員素質，開業後不久進用員工即採考試取才。53 年更設立新進人員考試委員會，以公開的方式，招考進用正職職員，這是板信人事上的一大特色。

　　板信員工均以考試晉用，學歷限定在高級商職以上學校畢業，人員素質平均。台灣信用合作社同業間，傳統重男輕女，板信亦同，男女職員入社服務即有差別待遇，女性起薪及職等都較男性低，〔註 132〕且有婚後必須離職的「單身條款」規定，這個條款要到 83 年經社員代表提案經大會通過撤銷，緩衝一年，84 年以後才正式取消。〔註 133〕

　　板信的主管晉升，並不特別重視學歷，多參考年資及品行，但升任襄理

〔註 129〕板信編，〈板橋信用合作社 79 年度業務報告・重要紀事〉，頁 7。
〔註 130〕板信編，〈板橋信用合作社 79 年度業務報告・重要紀事〉，頁 7；及〈板橋信用合作社 80 年度業務報告・重要紀事〉，頁 7；〈板橋信用合作社 81 年度業務報告・重要紀事〉，頁 7。
〔註 131〕板信編，〈板橋信用合作社 83 年度業務報告・重要紀事〉，頁 7。
〔註 132〕00－79－81－100－4，〈板橋信用合作社 80 年度第 3 次理事會紀錄・討論事項第 3 案〉（1991 年 2 月 10 日）。招考新進人員 35 名，5 職等五專以上畢業男性 10 名，4 職等高職畢業男性 10 名，3 職等女性 15 名。
〔註 133〕板信編，〈板橋信用合作社 83 年度社員代表常年大會續會紀錄・討論提案第 4 案〉（1994 年 3 月 14 日）。

級幹部必須通過內部考試，在粥少僧多下，競爭是非常激烈。第 1 任經理由理事林平賜兼任，第 2 任經理林重豪爲創社員工，70 年改制提升爲第一任總經理，爲三朝元老，協助 3 位理事主席，至 77 年 5 月退休，有近 32 年之年資。第 2 任總經理陳錦成於 47 年 3 月入社服務，改制後仍續任，在板信的年資近 40 年。其下之副總經理、協理、經理，除了資訊室經理外（14 年），一級主管在改制前，年資皆超過 20 年。〔註 134〕

　　至於完整的人力結構，因爲保存期限規定，部分資料已銷毀，難由現存檔案中瞭解。現存有關人力結構最近之統計資料，爲 86 年底板信商銀之年報（如表 3－3－2），仍具參考。

　　從中得知，板信商銀的人力資源，具專科、高商學歷者占總人數 83％以上，年齡在 40 歲以下的人員占 76％以上。

　　板信人員增加的速度，與業務成長關連性較低，與分社增設有較明顯的聯結，61 年的人事增加，是因爲 59 年儲蓄部成立，及 60 年承受永信設立永和分社有關。66 年的人員數成長，則因這段期間連續增設 3 家分社之故。當時以人工作業，需要充裕的人力作服務。76 年業務自動化後，人力供應就緩和下來（見表 3－3－3）。

　　企業人力資源的良莠最難評斷，目前最常用的是以人員生產力作評比。以 85 年數據爲基礎，將板信與體質良好的同業做比較，板信每一員工服務的存款生產力比同業的從業員多 27％，放款增加 38％，盈餘更增加爲 86％（見表 3－3－4）。板信因具有較同業突出的績效，遂成爲信用合作社改制商銀呼聲最高的對象。

表 3－3－2：板信商銀 86 年底人力結構統計表

學歷項目	學 歷				年齡項目	年 齡			
	男	女	人數合計	比率%		男	女	人數合計	比率%
碩士	3	2	5	0.64	60以上	4	0	4	0.51
大學	69	33	102	13.08	50～59	41	3	44	5.64

〔註 134〕板信商銀人事資料電腦檔：「86 年 9 月 29 日板橋信用合作社在人員表」。

專科	123	167	290	37.18	40～49	113	24	137	17.57
高商	142	220	362	46.41	30～39	128	84	212	27.18
國中以下	16	5	21	2.69	30以下	67	316	383	49.10
總計	353	427	780	100.00	總計	353	427	780	100.00

資料來源：板信商銀編，〈板信商業銀行八十六年年報〉（板橋市：板信商銀，1997年），頁 14 整理。

說明：板信 86 年 9 月 29 日員工總人數爲 468 名（板信商銀人事室提供），86 年底板信商銀總人數包含原高雄五信員工 312 名。

表 3－3－3：板信歷年員工數與存、放款規模統計　　金額單位：千元

年度	員工數	當年度營業單位	存　款		放　款	
			總金額	每一員工分擔數	總金額	每一員工分擔數
46	9	1	1,508	167	907	100
51	18	1	15,663	870	7,751	430
56	29	1	62,565	2,157	21,509	741
61	90	3	238,384	2,648	127,913	1,421
66	210	6	1,553,868	7,399	1,047,781	4,989
71	350	6	6,277,398	17,935	3,401,303	9,718
76	355	6	16,373,405	46,122	8,158,115	22,980
81	390	8	35,020,305	89,795	26,341,622	67,542
85	440	11	56,637,359	128,721	36,722,658	83,460

資料來源：一、存放款金額依據板信編歷年〈業務報告〉。

二、員工數 46～71 年依據板信編歷年〈大會議案・預算〉；76、81 年依據板信編〈三十週年紀念冊〉、〈三十五週年紀念冊〉；85 年由板信現任人事室襄理陳達煌提供。

說明：員工分擔數千元以下金額全捨。

表 3－3－4：85 年度板信員工人數、營業單位數、存、放款規模與同業
比較　　　　　　　　　　　　　　　　　金額單位：千元

名稱	員工數（人）	營業單位數	存　款		放　款		盈　餘	
			金額	分擔數	金額	分擔數	金額	分擔數
板　信	440	11	56.637,360	128,721	36,722,658	83,460	722,874	1,642
陽　信	659	19	65,317,606	99,116	42,961,654	65,192	440,169	667
北三信	760	20	56,749,536	74,670	38,149,146	50,196	731,606	962
高三信	581	19	53,305,114	91,747	31,839,621	54,801	308,615	531
台中三信	13	543	51,852,702	95,493	34,399,840	63,351	569,609	1,049
台中七信	13	576	58,811,238	102,102	36,315,876	63,048	612,836	1,063
淡水一信	298	11	42,635,175	143,071	19,599,702	65,770	300,781	1,009

資料來源：一、各社依據中華民國合作事業協會編，《八十六年度合作事業統計年報》
（台北市：中華民國合作事業協會編，1997 年），頁 13～25。

　　　　　二、板信依據表 3－3－2。

說明：一、員工分擔數千元以下金額全捨。

　　　二、板信以外其餘 6 社員工分擔的業務數：存款平均爲 101,033 千元；放款爲
60,393 千元；盈餘爲 880 千元。

四、邱榮隆時期的業務組織系統

（一）單一個營業單位時時期

　　在邱榮隆主事期間板信的營業單位，由總社 1 個單位增加至 4 個總、分
支機構。這時期業務組織擴增亦如決策組織、只有在 51 年、52 年提社務會通
過的組織系統變更案中，正式列示組織系統圖表；其餘年度的組織增設、變
動，都只提會以變更章程方式爲之，所以要了解此一期間業務系統的架構，
必須從各項會議中整理出來。

　　民國 46 年創立會通過的組織系統表（圖 3－1－1），社、業務組織包含經
理、司庫、會計、文書，各司其職。經理負責統籌業務，下設存款部、放款

部、代理部。〔註135〕到了 51 年業務持續成長，遂修改章程第 29 條，曾設業務組織，於「部」之下設「股」，各部設主任，各股設股長，以備未來擴張。〔註136〕53 年時，爲因應未來發展，再修訂章程第 30 條，將「部」改爲「部、室」，「部、室」與「股」之間，增設「課」的層級。〔註137〕這些增加組織層級，多爲日後擴充之備，有些職位當時並未實派。

（二）多家分社竝立的時期

　　銀行的第一家分支機構，通常都是儲蓄部獨立營業。板信儲蓄部設立後，至民國 59 年才獲准單獨營業。當時規定信用合作社儲蓄部獨立營業的條件，儲蓄存款須達 6,000 萬以上。〔註138〕58 年底，板信總存款爲新台幣 82,016,478 元，儲蓄存款 65,459,748 元。所以在 59 年 4 月，儲蓄部即奉准單獨營業，7 月 3 日正式開幕，成爲第一家分支機構，板信一直希望在後埔地區設立分社，所以儲蓄部就設置於後埔區內。〔註139〕分支單位增加，對板信業務幫助極大，儲蓄部成立後，當年 9 月存款就突破 1 億元的關卡。

　　永和分社在板信的歷史裡，有很重要的地位，是業務區域可以跨越板橋地區的一個轉鈕點。59 年 10 月台北縣永和鎮信用合作社（簡稱：永信）經營不善，被勒令清算。60 年 1 月奉財政部核准合併「永信」變更爲「板信永和分社」。〔註140〕這是板信第二家分支單位。

　　永和分社設立的意義在：

1. 業務區域擴展爲板橋鎮、永和鎮、中和鄉、土城鄉部分區域。
2. 名稱由「台北縣板橋鎮信用合作社」改爲「台北縣板橋信用合作社」。突破主管機關對信用合作社業務區域的限制，限定業務區域必須在總社所

〔註135〕00－87－100－2，〈板橋鎮信用合作社 46 年度第 7 次社務會紀錄〉（1957 年 9 月 23 日）。附件：「辦事細則」訂定，經理負責業務，司庫掌財務，文書掌社務，會計負責帳務。

〔註136〕板信編，〈板橋鎮信用合作社民國 51 年度社員代表大會議案・討論事項第 4 條〉（1962 年 1 月 28 日），頁 31。

〔註137〕板信編〈板橋鎮信用合作社民國 53 年度社員代表大會議案・討論事項第 4 條〉（1964 年 2 月 2 日），頁 35。

〔註138〕00－46－71－100－1，〈板橋鎮信用合作社 58 年度第 2 次理事會紀錄・主席致詞〉（1969 年 2 月 11 日）。

〔註139〕板信編，〈板橋信用合作社 60 年度社員代表大會業務報告書・重要紀事〉，頁 3、4。

〔註140〕00－46－86－100－1，〈板橋鎮信用合作社 60 年度第 1 次臨時社員代表大會紀錄〉（1971 年 2 月 14 日）。

在地的都市行政區域範圍內的規定。〔註 141〕

3. 得經永和分社參加台北市票據交換，縮短票據代收的時間，這對板信業
務之拓展有極大的幫助。

板信自 60 年成立永和分社後，業務推展順利，次年 8 月，存款業務即超
過 2 億元。〔註 142〕板信在單一營業單位時，存款從未突破億元，儲蓄部單獨
營業不久即超過一億元，永和分社設立後，第二年存款即超過 2 億元。擴充
營業單位對業務成長有絕對的助益，所以板信在之後數年內，都積極的申請
分社設立。62 年 10 月，成立埔墘分社，〔註 143〕64 年 1 月華江分社開幕。〔註
144〕65 年 8 月民族分社設立。至 65 年底，存款已增加至 12 億餘元，放款 8
億餘元，總分支機構 6 家，已具相當之規模。〔註 145〕

除了分支單位擴增外，這期間板信的管理部門，為順應業務擴張，加強
內部控管的需求。61 年 9 月理事會通過設置稽核員，〔註 146〕62 年 3 月提昇為
稽核室。〔註 147〕63 年理事會通過增設總務室、會計室、財務室。64 年時，板
信業務組織系統已拓展為 2 部（營業部、儲蓄部）、4 室（稽核室、財務室、
總務室、會計室）、3 分社（永和、埔墘、華江），都屬一級單位，由理事主席
及經理直接統轄（如附圖 3—3—1）。

〔註 141〕台北市政府財政局編，〈信用合作社業務區域問題處理原則〉，《合作金融法令
彙編》，頁 81。

〔註 142〕00－46－71－100－1，〈台北縣板橋信用合作社 61 年第 8 次理事會紀錄·主
席致詞〉（1972 年 8 月 25 日）。

〔註 143〕板信編，〈板橋信用合作社 62 年度業務報告·重要紀事〉，頁 6。

〔註 144〕板信編，〈板橋信用合作社 64 年度業務報告·重要紀事〉，頁 4。

〔註 145〕板信編，〈板橋信用合作社 65 年度業務報告〉，頁 6、10。

〔註 146〕00－46－71－100－1，〈板橋信用合作社 61 年第 9 次理事會紀錄·討論事項
第 3 案〉（1972 年 9 月 25 日）。

〔註 147〕00－46－71－100－1，〈板橋信用合作社 62 年第 3 次理事會紀錄·討論事項
第 2 案〉（1973 年 3 月 21 日）。

圖 3—3—1：板信民國 59 年至 64 年社業務組織系統

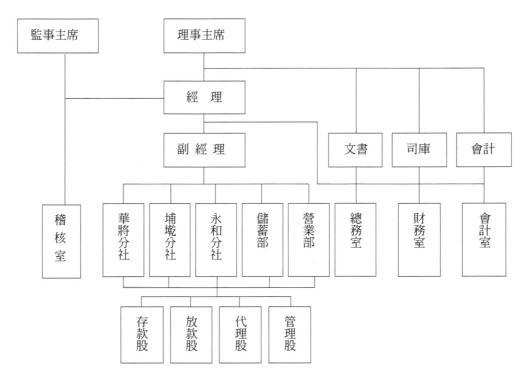

資料來源：依據板信 59 年度至 65 年度理事會紀錄「討論事項」中各有關人事之議決
　　　　　案整理。

五、林平賜時期的業務組織系統

　　理事主席邱榮隆卸任前，對外營業單位已有 2 部、3 分社，總社內部增設
4 個部室。林平賜就任後，再申設民族分社，成為 2 部、4 分社。此時板信已
有 10 個一級單位，為了更有效管理，65 年 5 月的理事會，提出新的業務組織
系統修訂（見圖 3—3—2），將全部部、室、分社分成管理部、營業部、業務
部 3 個大的部門，由 3 位副理分擔任 3 個部門主管，另再成立秘書室及企劃
研究室。這次的劃分並非以單位的機能為劃分的依據，而是以 3 位副理個別
的資歷及專長為考量。

　　最資深副理陳錦成（後昇任為第二位總經理）負責：儲蓄部、永和分社、
埔墘分社、華江分社等 4 個分支機構，另加企劃研究室。副理李紹敦管理：
總務課、會計課、稽核室、板信大樓興建處、民族分社。副理朱茂陽掌理：

總社營業部（總社），其下計有存款課、放款課、代理課、匯兌課、財務課、出納股。徐風燦為文書兼秘書室主任。這次的組織系統調整，仍是預備未來社、業務發展所做之規劃，3 部之下屬單位，除分社實派主管外，部分管理部門因為人員資歷及規模限制仍然懸置。

圖 3—3—2：板信民國 66 年至 69 年社業務組織系統

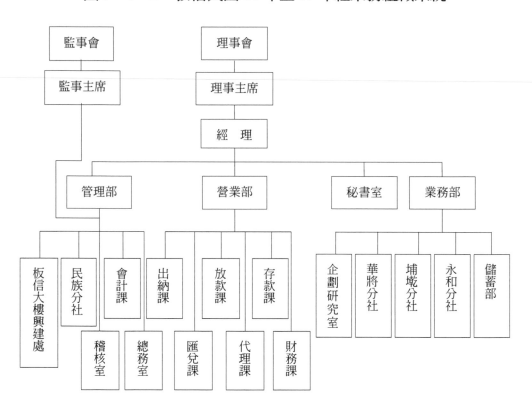

資料來源：依據板信 65 年 5 月 30 日第 4 次理事會，討論事項第 10 案議決附件整理。
說明：一、各分社下設存款股、放款股、代理股、管理股（如圖 3—3—1）。

　　　二、營業部存款課兼管各分社存款股，放款課兼管各分社放款股，匯兌課、代理課兼管各分社代理股，總務課、財務課兼管各分社管理股。

　　66 年社員代表大會將全社組織系統正式提會討論，這次組織調整是第 2 次提大會議決，這次調整（見圖 3—3—2）有幾項特點：
（一）創社後第一次提社員代表大會議決的組織系統議案，其後組織變革案，提社員代表大會議決形成制度。

（二）將業務組織「經理」至提升爲「總經理」制。這次修改，被主管機關要求暫緩，故未能落實。〔註 148〕

（三）爲日後板信業務組織系統劃分爲 3 個大部門奠立雛型。

　　67 年社員代表大會，修訂「總經理」制，因與合作設施行細則內的員工職稱不符，未得到主管機關的同意，遂再提大會將業務組織恢復爲「經理」制。〔註 149〕直至 69 年，財政部廢止信用合作社設置總經理之條件及程序的限制，〔註 150〕板信爲因應社、業務需求，於 70 年再提請社員代表大會通過，將組織系統做全面的修訂，才正式確立「總經理」制，及 3 個「處」的組織系統。

六、邱明政、劉炳輝時期的業務組織系統

　　民國 69 年底，板信社、業務成長已到達一個關鍵，有社員增加有 21,056 人，股金 53,982,900 元，存款超過 41 億元，放款近 30 億元，盈餘有 23,529,999 元，〔註 151〕社、業務增長迅速，已具相當的規模。

　　爲了加強管理績效，順應現代化企業管理新趨勢，預備未來擴充的需要，70 年，理事主席邱明政乃提經理事會通過，並提請社員代表大會議決組織修訂案。這次修訂的組織系統範圍，屬於全面性的修訂，在業務組織方面，有 3 大特點是：

（一）正式實施「總經理」制，增加各級幹部之授權。

（二）將管理系統由經理～部、室、分社主任二級制，改爲總經理、處長（副總經理）、部室分社（經理）的三級制。

（三）在合作社相關法規中，與經理同列的文書、司庫、會計 3 個職位被虛級化，由業務系統中，同性質的職位取代或兼任。

　　爲配合組織調整，亦同時修正章程條文，將經理、副理等以下職位，各提昇爲總經理、副總經理，下設文書、司庫、會計、專門委員（協理）經理、主任、高級專員等職位。將原組織的經理及部室、分社兩個層級；修改總經

〔註 148〕板信編，〈板橋信用合作社 67 年度社員代表大會議案〉（1978 年），頁 2。

〔註 149〕板信編，〈板橋信用合作社 67 年度社員代表大會議案·討論事項第 3 案〉，頁 1、2。合作社施行細則 29 條規定「合作社……分經理、副經理……必要時得由主關機關統籌規定之」。

〔註 150〕00－46.71－100－1，〈板橋信用合作社 69 年第 11 次理事會紀錄·主席致詞〉（1980 年 11 月 27 日）。

〔註 151〕板信編，〈板橋信用合作社 69 年度業務報告·業務〉，頁 9、11、16。

理，處，部室、分社三個層級。各處置主管一人，職掌若干部室及分社。處以下設部室或分社。〔註152〕

圖3─3─3：板橋信用合作社民國70年至86年業務組織系統

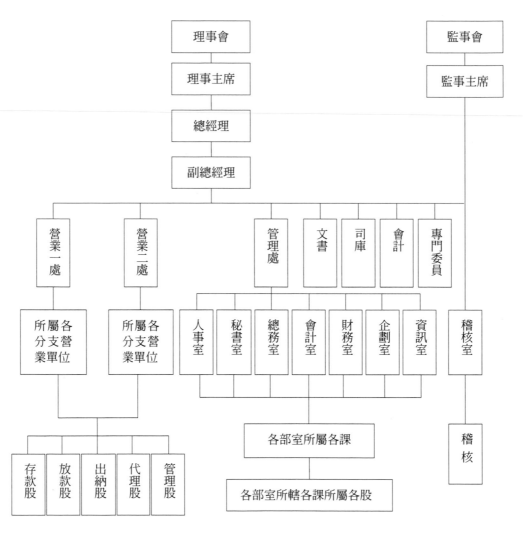

資料來源：一、依據板信編，〈台北縣板橋信用合作社85年度社員代表大會議案，附件〉，頁14。

　　　　　二、管理處轄下各部、室所屬各課、各股因篇幅關係不予詳細分列。

〔註152〕板信編，〈板橋信用合作社70年度社員代表大會議案‧討論事項第1、2案〉，頁1～4。

　　板信這次的組織變革，是極具前瞻性並符合實際需的規劃。這是一種以專業的分工劃分，營業一處、二處以業務爲重心，每處負責督導數家分社的業務推廣及實際執行。管理處則統轄總社內部各部室，負責全社性的事務及社、業務的規劃、控管、追蹤、考核等相關工作。這個架構並兼具組織彈性（如圖 3—2—3），部室或分社經理以下的副主管，可依規模大小酌作配置，規模大的分社置副理，較小的分社置襄理。再次的各股也具備彈性，不需全部實設，在規模小的分社亦可合併設置，如將代理股業務及非存放款經辦人員合併歸由管理股兼管。

　　其後，爲拓展服務增設的分社，則依區域及特性平均分置於 2 個營業處管理。管理單位因應業務需要，所增加的部室，則統歸管理處，權責分明、稽實容易。故這個組織系統實施後，歷經 16 年，板信的組織大架構一直未變。這個架構穩定又具彈性的組織，讓板信業務組織運作順暢，發揮應有效應，所獲得的績效，頗受主管機關肯定。改制爲商銀前一年底（85 年）之規模，爲有社員 10 萬餘人，總股金 60 億元，存款 566 億餘元，放款 367 億餘元，盈餘超過 7 億元的大型信用合作社。〔註153〕這其間，板信整個組織系統架構，並未再做重大修革，必要時僅作局部性增減、調整，直到 86 年改制止。

〔註 153〕板信編，〈板橋信用合作社 85 年度業務報告〉，頁 11、12、26。

第四章　業務與社務

　　社務是信用合作社成立的目的，業務則是存在的動力。為了達到設立的目的與動力，各社無不極力推展社、業務。板信成立時，板橋地區已有數家公營銀行，因為業務區域、業務種類、放款交易對象都被限制下，難以爭取一般公司企業的客戶。板信為拓展業務，存款方面乃從被一般銀行忽視、成本較高的儲蓄存款著手。用獎勵的辦法，激勵員工盡力的勸募儲蓄存款業務，並配合外務服務爭取存戶，再延伸至其他存款業務。這項策略讓板信得到存款業務的成長，也因為配合政府推展儲蓄政策而獲獎無數。

　　放款方面，因為業務區域內人口快速增加，住宅需求強烈，板信順應社會趨勢及社員需求，推出購屋貸款業務，將大部分資金提供社員申請購屋貸款之用，完成許多社員購置住宅的需求。這項業務讓板信在存、放款方面的業務都有所突破，業務績效得以年年成長，並得到應有的盈餘。

　　社務方面，板信剛成立時，根基尚不穩固，成敗難定，所以招募新社員與股金的成效不如預期。申請貸款需具社員身分，推出購屋貸款後，為申請貸款主動入社者陸續不絕。儲蓄存款依法只有個人存戶可以辦理，這些存戶與社員資格契合，為降低非社員存款額度，儲蓄存款優良戶也是板信爭取為社員的對象。因為這 2 項業務，讓板信的社務能很穩定的持續增長。

　　82 年政府有意將體質優良的信用合作社，改制為商業銀行。消息傳出，板信成為最被期待的對象，區域內民眾紛紛自動大額增入社，讓板信社員突破 10 萬人，股金暴增為 30 億元，後經限制才緩和下來。股權分散，是信用合作社的普遍現象，財政部公布改制辦法後，板信深怕這種現象，會影響改制商銀後的經營權。經深慮後，將股金提高為 60 億元，並依法由理、監事先行增股，達到能掌控經營權的比率，才正式進行改制的程序。

　　企業股東最在意的是企業經營能獲得盈餘，並得分配股息。信用合作社是另一種型態的企業，社員亦同樣希望能有好的投資報酬，所以板信特別重視每年股利及社員福利的發放，以回饋社員的支持。板信歷年都頗有績效及盈餘，可以支應股利及福利的分配，很多年度還超過法令規定的股息，故能符合社員對板信的期待。

第一節　存款業務

　　台灣的金融機構有本國公私立銀行、外國銀行、信用合作社、中小企銀、農會信用部、郵局等。除銀行依據銀行法經營業務外，其餘各有不同的法律依據。政府及法令，對信用合作社有非常嚴格的管制，在業務範圍、業務種類、業務區域及分支單位，都有很明確的限制，各地信用合作社，被限定只能在所在地，作有限度經營，故各地信用合作社的規模與銀行相較都偏小。

　　主管機關對信用合作社業務經營管理的規定，內政部於民國41年即修訂〈信用合作社章程準則〉（簡稱：章程準則）作爲依據。〔註1〕其後，行政院又增訂〈信用合作社管理辦法〉。財政部接管信用合作社後，再訂〈金融主管機關受託統一管理信用合作社暫行辦法〉（簡稱：統一管理信用合作社暫行辦法），層層法令嚴格的限制信用合作社的業務，只能經營存款、放款及代理業務。〔註2〕

　　法令對信用合作社的業務經營管制，於82年時有一個明顯分界點，前後有很大差異。國內因爲要推行金融自由化、國際化，通過全新的〈銀行法〉，對銀行管理大幅放寬，並開放新銀行設立。如果繼續嚴格限制信用合作社的經營，台灣信用合作社的生存將遭遇極大困境。政府乃立法通過〈信用合作社法〉放鬆管制，新的法令對信用合作社的社、業務項目及業務區域，作了大部分的放寬。但台灣的金融環境已經發生很大的變化，16家新銀行大肆擴張，極積極拓展個人金融業務，擠壓了基層金融的發展空間；

〔註1〕台北市政府財政局編印，《合作金融法令彙編》，頁269。內政部55／8／5台內社字第二一○九二六號令「信用合作社收受非社員存款最高限額計算公式，……非社員存款最高限額＝以繳股額＋保證金額（已繳股金總額×保證倍數10）＋公積金」。「板信」章程第3條：「……各社員之保證額爲其所認股額之十倍……」。

〔註2〕台北市政府財政局編印，《合作金融法令彙編》，頁1～19。

更因體質健全的信用合作社紛紛改制爲商銀，台灣信用合作社的領域出現大幅萎縮，新法令對信用合作社的發展，反不如舊法令，對信用合作社的影響時間深且遠。

一、信用合作社業務的限制及保障

（一）限制

信用合作社業務經營的法令依據，從「章程準則」到「統一管理信用合作社暫行辦法」，從條款的項目上比較，好像增加了，但從實質上分析，內容其實是相同的，只是規定的更加明確，限制的更加嚴格。

1. 營業項目的限制：

信用合作社的營業項目既簡單又少，依 82 年之前，〈銀行法〉的規定只有 5 項，第一款：收受支票存款，第二款：收受其他各種存款，第五款：辦理放款，第六款：辦理票據貼現，第十四款：代理收付款項等，仍不出「章程準則」的規定，與銀行的 22 款營業項目相比，實有天壤之別。〔註3〕

2. 非社員存款的限制：

依法令規定，信用合作社以收受社員存款爲主，經主管機關核准亦得在法定限額內吸收非社員存款。〔註4〕主管機關對信用合作社社員，及非社員存款的管制非常嚴格。社員、非社員存款須分別管理〔註5〕，社員配偶及共同生活之直系親屬如非社員，其存款需以非社員處理。〔註6〕這項規定，讓信用合作社在管理存款業務時，需要特別注意非社員存款總數，是否超過規定的額度。如果超過限制，則必須適時的迅速增加股金總額，來應付非社員存款的增加。

3. 放款對象與額度的限制：

法令對信用合作社的放款，有 3 項嚴格的限制。

〔註3〕台北市政府財政局編印，〈銀行法〉，《合作金融法令彙編》，頁 25。

〔註4〕信用合作社收受非社員存款時，不得超過已繳股額＋保證金額＋公積金的總額。

〔註5〕台北市政府財政局編印，《合作金融法令彙編》，頁 269。「財政部 70／12／15（70）台財融第二五〇二六號函」。

〔註6〕台北市政府財政局編印，《合作金融法令彙編》，頁 269。「財政部 71／6／1（71）台財榮第一六六九七號函」。

　　（1）放款對象：依法令規定，信用合作社放款，以貸放社員生產上、製造上必要之資金為限。對社員放款，須依規定完成入社手續一個月後，始得放款。放款對象須具社員資格，這項規定，是信用合作社業務最大的限制。在民國82年〈信用合作社法〉未公布前，合作社社員必須為自然人或非營利法人〔註7〕，這項限制阻斷了信用合作社對中小企業直接合法的資金貸放。

　　（2）限定資金用途：信用合作社最大的困擾，是資金用途，只能對社員放款，多餘的資金，被限制在購買政府發行的公債，或轉存活作金庫。因為放款對象受限，導致多數信用合作社資金多低度利用。〔註8〕

　　（3）額度限制：信用合作社對每一社員放款最高額度，在民國59年之前，內政部已有限制。〔註9〕財政部接管後，規定的更加明確，限制各社對每一社員的信用放款額度，最高為200萬元。〔註10〕71年，提高為每一社員放款最高限額為900萬元（內含無擔保放款最高300萬元）。〔註11〕這項限制住，實無法滿足部分社員較大型的投資案的資金需求。信用合作社為了拓展業務，有同業採用變通的授信方式，以一個擔保品，分由數個社員申請融資貸放，形成「分散借款，集中使用」的違規案例，而引發不當弊端。

　　78年，為因應金融自由化，財政部大幅放寬限額，準依各社淨值為計算標準，訂定各社放款最高限額，依板信之規模，每一社員最高額度有8千萬元。〔註12〕乃才符合社員實際的需求。

〔註7〕　台北市政府財政局編印，〈合作社法〉，《合作金融法令彙編》，頁2、3。

〔註8〕　台北市政府財政局編印，《合作金融法令彙編》，頁392。「財政部69／11／19台財錢第二四〇一六號函：「信用合作社不得投資規定外之有價證券」；及「台灣省政府39／4／15府綸丁字第二八四五一號代電：『信用合作社多餘款項限存合作金庫』」。

〔註9〕　台北市政府財政局編印，〈合作社法管理辦法〉，《合作金融法令彙編》，頁17。「放款每一社員之最高額度，不得超過信用合作社已繳股金、公積金及放款前一日存款總額之百分之二」。

〔註10〕　台北市政府財政局編印，《合作金融法令彙編》，頁302。〈信用合作社放款總額及對每一社員信用放款最高限額〉

〔註11〕　台北市政府財政局編印，《合作金融法令彙編》，頁302。「財政部60／4／19台財錢第一三一三號令；及71／6／11（71）台財一七三五三號函」。

〔註12〕　中國合作事業協會台灣省分會編印，《最信合作法令輯要彙編》，頁615。「財政部78／1／10台財融第七七〇九六〇三八一號函，「信用合作社對每一社員授信最高總額以各社上年度決算淨值減除上年度決算時社員，已繳股金總額之半數為核算基數，其對社員授信總額不得超過該機數百分之二十五……」。依本規定，78年板信每一社員為高授信額度為8000千萬元。

（二）保障

1. 免繳營業稅

信用合作社依法得免徵所得稅及營業稅，〔註13〕但44年時，台灣省合作事業管理處解釋，合作社有盈餘時，自應依章繳納營利事業所得稅。〔註14〕所以信用合作社實際上只有免徵營業稅。不過這對信用合作社的財務，已經有很大的保障。依74年的〈加值型及非加值型營業稅法〉規定，各金融業之營業稅稅率為百分之五。〔註15〕如以板信75年營業收入計算，應繳營業稅額超過5,000萬元，計占全年盈餘27.6%。〔註16〕

2. 剩餘資金轉存合作金庫

民國39年台灣省政府即規定，信用合作社多餘資金限存合作金庫。〔註17〕51年，財政部亦規定，信用合作社之餘裕資金，應存放台灣省合作金庫，短絀時，由台灣省合作金庫融通。信用合作社應提存之存款準備金，同樣規定存入合作金庫後，彙繳中央銀行。〔註18〕因為這幾項規定，故合作金庫被喻為基層金融的「小中央銀行」。

剩餘資金可全部轉存於合庫，不虞有濫頭寸顧慮，讓各地信用合作社在吸收存款時，無後顧之憂，各社無不卯足勁的吸收存款，擴大規模。以板信83年底的存款為523億1千萬餘元，放款343億6千萬餘元，存放比率約65%，尚有147億6千萬元以上的資金存於合庫定期性存款，占總存款的28%以上。〔註19〕其他信用合作社同業也面臨相同的境遇，〔註20〕在資金低度利用下，如

〔註13〕台北市政府財政局編印，〈合作社法〉，《合作金融法令彙編》，頁2。

〔註14〕台北市政府財政局編印，《合作金融法令彙編》，頁561。「台灣省合作事業管理處44／7／29社合一字第六一〇〇四號函」。

〔註15〕立法院法律系統網站：〈http://lis_ly_gov_tw/lgcgi/lglaw?@@846930886〉。

〔註16〕板信編，〈板橋信用合作社75年度業務報告·損益計算表〉，頁16。「75年營業收入為1,007,531,022元，盈餘為182,553,251元，5%營業稅計50,376，551元，占盈餘的27.6%」。

〔註17〕台北市政府財政局編印，《合作金融法令彙編》，頁392。「台灣省政府39／4／15府綸丁字第二八四五一號代電」。

〔註18〕台北市政府財政局編印，〈信用合作社資金融通及管理辦法〉，《合作金融法令彙編》，頁52。

〔註19〕板信編，〈83年度業務報告〉，頁11、13。民國83年〈信用合作社法〉頒布後，信用合作社剩餘資金依該法可另存於其他銀行。

〔註20〕中華民國信用合作社聯合社編印，《台灣地區信用合作發展史》，頁205、206。75年度台北市各信用合作社平均放款率為32.52%，存出款為43.97%；高雄市各社平均放款率為37.91%，存出款比率為34.35%。

無合作金庫收受這些剩餘的資金，各社將面臨龐大的「濫頭寸」的壓力。

二、存款業務

信用合作社的業務被限制在存、放款及代理業務三項，主管機關對信用合作社的考評項目，存、放款占 40%；〔註 21〕同業間的相互比較也以存、放款的規模作爲標的，所以各社的業務推廣也以存款、放款爲重。存款是金融機構的活水，吸收存款是業務的起點，故板信特重存款業務的推展。

（一）存款業務的拓展

板信創立時，板橋已有數家商業銀行，銀行以客戶「來店」服務爲主，板信乃採用有別於他行的方式吸收存款。

1. 員工勸募存款

板信對存款業務的推展一向不遺餘力，自創立後第二個月起，就訂定勸募存款競賽辦法，發動理、監事、社員代表、員工分赴各里勸募存款。〔註 22〕施行結果，因爲成效很好，50 年起，理事會即提出員工勸募存款獎勵金辦法，〔註23〕以獎金激勵員工努力吸收存款。自此「勸募存款」成爲板信員工在職期間最大的職責，也是每年度的工作壓力所在，及獲取獎金的途徑。爲了達成每年分配的責任額，員工對存款客戶，莫不以誠摯禮儀待客，用最佳的態度服務，爭取存戶。這是板信存續期間的一大特色，在當年是有別於各公家銀行「衙門」式的服務態度，一般人民感受到尊重，自是樂意將存款寄存於板信。〔註24〕

勸募存款自 59 年起，板信正式制度化，訂定員工「勸募存款競賽辦法」，規定副經理以下，每一級員工的責任額及獎勵金，並規定未達分配額者給予懲戒。〔註 25〕其後板信在不同年度、不同環境中，都推出不同形式的勸募存

〔註 21〕 台北市政府財政局編印，《合作金融法令彙編》，頁 247。「財政部 69／10／20（69）台財錢第二二九一一號函：『信用合作社年度成績調查評定考核項目及標準』」。考核項目分研究發展、內部自行查核、非社員存款比率、及淨值占存款總額比率等四項。

〔註 22〕 00－46－71－100－1，〈板橋鎮信用合作社 48 年度第五次理事會紀錄‧討論提案第 1 案〉（1959 年 5 月 30 日）。

〔註 23〕 00－46－71－100－1，〈板橋鎮信用合作社 50 年度第五次理事會紀錄‧討論提案第 4 案〉（1961 年 2 月 23 日）。

〔註 24〕 參見陳錦成、朱茂陽訪談紀錄。

〔註 25〕 00－46－71－100－1，〈板橋鎮信用合作社 52 年度第五次理事會紀錄‧討論提案第 4 案〉（1970 年 5 月 22 日）。附件：「員工勸募存款競賽辦法」

款競賽辦法。〔註 26〕

　　77 年時，板信已經有 6 個分支單位，各單位環境有別，爲了合乎實際需要，及講求現代化的「企業經營」，重新規劃全面性的業務考核辦法。由企劃室定出每年的「經營策略」、「業務目標」、「業務計畫」等項目，設定各項考核標準，加入了放款、逾期放款、盈餘等金融經營上的重要指標，成爲重視全業務績效的考核方式，不再單純以儲蓄存款爲考核項目。〔註 27〕這種形式的業務推展辦法，在以後年度，雖然名稱上會有所不同，但形態上則沒有太大的變動。這種改變，使板信的經營，不再單獨的只重視存款項目的增加，讓其他業務也能夠平均發展，兼顧到銀行經營上「安全性」、「流動性」、「收益性」的三項重要原則，故盈餘屢創新高，由 77 年的 1 億 3 千餘萬元，至 85 年增加至 7 億 2 千餘萬元（見表 4－1－1）。

表4－1－1：板信 77 年～85 年各項社、業務明細表　　　　單位：萬元

年度	存款	放款	股金總數	資本公積	營業公積	盈餘
77	1,913,013	1,260,848	57,223	2,580	15,127	13,110
78	2,386,109	1,557,996	238,921	2,645	16,720	29,290
79	2,621,471	1,863,243	250,792	2,698	36,071	50,735
80	3,163,489	2,250,049	230,440	2,708	43,850	55,526
81	3,502,030	2,634,162	244,870	2,715	52,451	56,575
82	4,172,626	2,956,441	268,425	2,727	61,290	65,029
83	5,231,932	3,436,439	283,787	2,727	81,170	70,875
年度	存款	放款	股金總數	資本公積	已指撥保留盈餘	未指撥保留盈餘
84	5,448,216	3,921,196	308,160	2,727	102,890	72,287
85	5,663,735	3,672,265	600,009	2,727	126,360	72,103

資料來源：一、依據板信 77 年至 85 年〈業務報告〉整理。

　　　　　二、84 年起營業公積、盈餘改稱已指撥保留盈餘、未指撥保留盈餘。

〔註 26〕00－46－71－100－1，〈板橋信用合作社 64 年度第五次理事會紀錄・討論提案第 9 案〉（1975 年 4 月 29 日〉。
〔註 27〕00－76－78－100－3，〈板橋信用合作社 77 年度第 3 次理事會紀錄・討論提案第 6 案〉（1988 年 3 月 29 日）。附件：「板橋信用合作社七十七年度業務經營績效推展考核辦法」

2. 外務服務

板信初創，實難與這些公營銀行競爭。板信最大優勢在於人際關係綿密，尤其在舊市區的人與事，客戶就從這裏爭取。業務開拓的重點，則從一般商業銀行較忽略的儲蓄存款著手。

板信吸收儲蓄存款非常積極，特別派任外務專人，每日爲鄰近生意繁忙的商家服務。民國 50 年代，板信總行所在地是板橋最繁榮的舊市區域，街道市容興盛，商家林立，附近大、小傳統市場密集。板信外務人員，每日挨家挨戶收取客戶零散的存款或代辦其他業務的服務。

這項外務服務有別於當時的銀行，一般銀行各項業務，只提供「來店」服務，故板信外務服務，很受存戶歡迎。因爲這項服務，外務人員每日穿街走巷，日久，附近商家多成爲板信忠實的存戶，對業務推廣很有幫助，故其後分社開幕後，也都依循實施，成爲營業單位開拓客戶的有效工具。74 年，因銀行運鈔車搶案頻傳，顧及外務人員的安全，才中止外務服務。〔註 28〕

（二）鼓勵儲蓄存款

儲蓄存款分爲活期儲蓄存款、定期儲蓄存款及零存儲蓄存款。與一般存款不同之處，儲蓄存款只限於自然人開戶，與信用合作社業務以社員爲主的屬性相符。活期儲蓄存款的支息，較一般活期存款高出許多，成爲大眾週轉性資金存儲的重心。零存儲蓄存款是以儲蓄爲目的，在一段期間內，分期存入較小額金錢，累積成一比較大額的資金，以備未來作積極之用途。定期儲蓄存款，存期至少在一個年以上，計息比一般同期限的定期存款優利，所以一般人的長期資金，自以定期儲蓄存款爲主。

（1）零存整付儲蓄存款

零存整付業務手續繁瑣，一般商業銀行多未積極推廣。開業初期，板信爲拓展存款，首先開辦零存整付儲蓄存款。47 年起，首推「自由零存儲蓄存款」，以較高利率吸收客戶，存戶在約定期間及契約金額內，可以不定期、不定額存款，利息以複利計算。當時利率，三個月期的月息 8 厘 5 毛（年息 10.2%），1 年期 1 分 4 厘 5 毛（年息 17.4%）。〔註 29〕次年再推出定期定額零存儲

〔註 28〕 台北市政府財政局編印，《合作金融法令彙編》，頁 341。
〔註 29〕 00－46－71－100－1，〈板橋鎮信用合作社 47 年度第 2 次理事會紀錄〉（1958

蓄存款，大收歡迎。板信推出零存整付儲蓄存款的時間，較台北十信，造成轟動的「一元開戶」的零存儲蓄存款要早。〔註30〕48年，為養成學童儲蓄習慣，並藉由學童吸收家長成為客戶，推出兒童福樂存款（每日零存存款，存額從每日0.5元至2元）。〔註31〕這項零存業務，曾在板橋各學校形成風潮，到61年，尚是板信推展的重點業務之一。〔註32〕

　　這項零存業務在板信創立後的初期業務中，占有相當之比率（見表4－1－2），活期性存款之績效，不如定期性存款之成長速度，而零存存款到期，轉存定期存款的比率甚高，對定期儲蓄存款之增長有很大幫助。這項零存儲蓄存款，於67年時，經核算存款的收支利益，實在不符合經營效益，才漸次淡出。〔註33〕

表4－1－2：板信49年至52年各項業務統計　　　　　金額單位：元

年度	項目	甲種存款	乙種存款	定期存款	儲金	合　計
49年	金額	506,955	1,516,917	4,528,056	969,076	7,521,003
	比率%	6.74	20.17	60.21	12.88	100
50年	金額	596,343	1,618,280	6,835,118	2,246,842	11,296,583
	比率%	5.28	14.33	60.50	19.89	100
51年	金額	669,191	2,393,691	9,813.098	2,787,588	15,663,568
	比率%	4.27	15.28	62.65	17.80	100
52年	金額	743,628	2,706,302	13,321,774	2,799,296	19,570,990
	比率%	3.80	13.83	68.07	14.30	100

資料來源：一、依據板信49年至52年各年度之〈社員代表大會議案・業務報告書〉整理。

　　　　　二、甲種存款＝支票存款；乙種存款＝活期存款；儲金＝零存整付存款。

　　年2月27日）。附件：「板橋鎮信用合作社自由零存儲蓄存款辦法」。

〔註30〕台北十信編，〈保證責任台北第十信用合作社七十年誌〉，頁9。

〔註31〕00－46－71－100－1，〈板橋鎮信用合作社49年度第6次理事會紀錄〉（1960年6月16日）。附件：「學童福樂存款辦法」。

〔註32〕00－46－71－100－1，〈板橋信用合作社61年度第6次理事會紀錄・討論提案第1案〉（1972年6月16日）。附件：「板橋信用合作社六十三年度員工勸募存款競賽辦法」。

〔註33〕00－46－71－100－1，《板橋信用合作社67年度第7次理事會・討論事項第2案》（1978年6月26日）。

（2）定期儲蓄存款

推展台灣民間儲蓄，除了一般人民自身的需要外，政府爲養成國民的儲蓄習慣，對推動儲蓄存款非常重視。於 48 年，最先由中華民國合作事業協會提出，鼓勵信用合作社加強吸收儲蓄存款，及推動零存儲蓄業務。〔註 34〕其次，台灣省合作金庫，爲配合政策亦提倡儲蓄運動，特爲基層金融舉辦存款競賽。〔註 35〕64 年，行政院特別成立「中華民國加強儲蓄推行委員會」，推展國民儲蓄，舉辦各縣市金融機構吸收儲蓄存款競賽，以表揚各縣市每年吸收儲蓄存款績優的金融機構。〔註 36〕板信除了發展自身業務及遵行法令外，對政府的此項政策也高度配合，對推行吸收儲蓄存款業務，更加盡力而爲，故這此項競賽中，獲獎無數（見表 4－1－3）。定期儲蓄存款在板信一直是業務推展的重點，最高時曾高達 80％以上，由此可知，其再板信存款業務中的重要性（見表 4－1－4，4－1－5）。

表 4－1－3：板信歷年儲蓄存款競賽受獎紀錄

受獎時間	授獎機構	受獎事項	備註
50 年 3 月 25 日	合作金庫	台灣合作金融社團 49 年度存款競賽都市組綜合賽丙組頭等獎	
63 年 3 月 28 日	合作金庫	台灣地區基層金融社團存款競賽第 2 組第 1 名	
65 年 4 月 25 日	合作金庫	金融社團存款競賽第 1 組第 2 名	
68 年		總存款額位居全國信用合作社第 6 位	信聯社統計
69 年		總存款額位居全國信用合作社第 3 位	信聯社統計
70 年		總存款額位居台灣省信用合作社第 1 位	信聯社統計
72 年 9 月 24 日	合作金庫	台灣地區基層金融社團存款競賽信用合作社組第 1 組第 1 名暨存款金額增加最高獎	
72 年 12 月 2 日	中華民國加強儲蓄推行委員會	71 年推行儲蓄存款台北縣第 1 名	

〔註 34〕00－86－100－1，〈板橋鎮信用合作社 48 年度第 2 次社務會紀錄·討論事項第 1 案〉（1959 年 4 月 16 日）。

〔註 35〕板信編，〈板橋鎮信用合作社 51 年社員代表大會議案·業務報告書〉（1962 年），頁 1。

〔註 36〕板信編，〈板橋信用合作社 65 年度業務報告·重要記事〉（1976 年），頁 6。

受獎時間	授獎機構	受獎事項	備註
73 年 10 月 27 日	中華民國加強儲蓄推行委員會	72 年推行儲蓄存款台北縣第 1 名	
74 年 9 月 25 日	合作金庫	台灣地區基層金融社團重點業務競賽第 1 組第 5 名	
74 年 11 月 9 日	中華民國加強儲蓄推行委員會	73 年度儲蓄存款台北縣全縣 109 單位第 1 名	
75 年 10 月 24 日	中華民國加強儲蓄推行委員會	74 年度儲蓄存款增加金額台北縣第 1 名	
77 年	中華民國加強儲蓄推行委員會	76 年儲蓄性存款增加金額與增長比率台北縣第 1 名	

資料來源：依據板信受獎各年度〈業務報告·重要記事〉整理。

表4－1－4：板信46年至64年存、放款分項比率統計表

金額單位：千元

項目 年度	存　款				放　款				存放比率 %
	活期性	%	定期性	%	信用	%	抵押	%	
46	1,044	69,28	463	30.72	297,	32.75	610	67.25	60.15
47	1,326	48,25	1,422	51.75	691	33.97	1,343	66.03	74.05
48	2,265	44.56	2,818	55.44	971	33.88	1,895	66.12	56.38
49	2,023	26.90	5,497	73.10	1,223	27.90	3,160	72.10	58.28
50	2,214	19.60	9,081	80.40	1,444	23.29	4,755	76.71	54.88
51	3,062	19.55	12,600	80.45	1,780	22.97	5,970	77.03	49.49
52	3,449	17.62	16,121	82.38	2,862	25.63	8,307	74.37	57.08
53	6,235	23.09	20,772	76.91	3,581	27.62	9,383	72.38	48.00
54	7,213	22.43	24,942	77.57	5,031	27.67	13,151	72.33	56.54
55	9,156	25.14	27,261	74.86	4,185	20.61	16,118	79.39	55.75
56	24,558	40.01	36,825	59.99	4,546	21.14	16,963	78.86	35.04

項目	存 款				放 款				存放比率
年度	活期性	%	定期性	%	信用	%	抵押	%	%
57	24,586	34.70	46,264	65.30	5,049	11,65	38,295	88.35	61.18
58	26,295	32.06	55,721	67.94	2,603	6.44	37,817	93.56	49.28
59	28,066	27.78	72,970	72.22	5,811	12.34	41,251	87.66	46.58
60	55,521	35.38	101,422	64.62	12,037	14.16	72,946	85,84	54.15
61	91,119	38.22	147,265	61.78	25,295	19.78	102,617	80.22	53.66
62	216,485	50.90	208,797	49.10	43,318	19.53	178,455	80.47	49.03
63	216,966	40.19	322,852	59.81	30,884	10.65	259,057	89.35	53.71
64	382,272	44.92	468,768	55.08	34,395	6.83	469,018	93.17	59.15

資料來源：一、依據板信編印，46 年至 85 年度〈業務報告〉整理。

二、存、放款金額千元以下捨去不計。

表 4－1－5：板信 65 年至 85 年存、放款分項比率統計表

金額單位：千元

年度	活期性	%	定期性	%	無擔保	%	擔保	%	存放比率 %
65	498,971	40.04	747,074	59.96	30,372	3.68	795,717	96.32	66.30
66	728,943	46.91	824925	53.09	42,928	4.10	1,004,853	95.90	67.43
67	1,125,670	48.92	1,175,583	51.08	62,030	4.37	1,369,281	95.67	62.20
68	1,430,273	47.26	1,595,906	52.74	47,310	2.33	1,981760	97.67	67.05
69	1,904,405	45.71	2,262,241	54.29	32,115	1.09	2,901,923	98.91	70.43
70	1,973,771	39,28	3,051,688	60.72	25,554	0.77	3,281,435	99.23	65.79
71	2,645,601	42.14	3,631796	57.86	29,403	0.86	3,371,900	99.14	54.18
72	3,500,337	43.50	4,546,627	56.50	28,375	0.55	5,146,570	99.45	64.31
73	4,235,201	41.38	5,998,624	58.62	28,270	0.43	6,582,778	99.57	64.60
74	4,490,011	38.88	7,058,807	61.12	31,735	0.41	7,715,626	99.59	67.86
75	6,609,156	49.46	6,754,662	50.54	34,260	0.47	7,307,949	99.53	54.94
76	8,984,349	54,87	7,389,055	45.13	94,357	1.16	8,063,758	98.84	49.83
77	11,554,363	60.40	7,575,776	39.60	116,863	0.93	12,491,618	99.07	65.91
78	13,201,261	55.33	10,659,834	44.67	106,820	0.68	15,473,140	99.31	65.29

年度	活期性	%	定期性	%	無擔保	%	擔保	%	存放比率 %
79	12,114,876	46.21	14,099833	53.79	112,034	0.60	18,520,395	99.40	71.08
80	13,047,061	41.24	18,587,829	58.76	88,652	0.39	22,411,838	99.61	71.13
81	13,936,934	39.80	21,083,370	60.20	85,863	0.33	26,255,758	99.67	75.22
82	15,590,119	37.36	26,136,145	62.64	86,155	0.29	29,478,262	99.71	70.85
83	17,961,563	34.33	34,357,758	65,67	83,597	0.24	34,280,802	99.76	65.68
84	15,917,362	29.22	38,564,803	70.78	110,514	0.28	39,101,454	99.72	71.97
85	16,128,656	28.48	40,508,693	71.52	135,968	0.37	36,586,689	99.63	64.84

資料來源：一、依據板信編印，46 年至 85 年度〈業務報告〉整理。

　　　　　二、存、放款金額千元以下捨去不計。

　　　　　三、表 4－2－5 及表 4－2－6 不同處在放款名稱從新定義。

第二節　放款業務

　　金融業的放款業務，在業界又稱貸款、融資或授信。放款是金融業的重要業務之一，是收入最重要的來源。因為業務區域內，人口增加迅速，住宅需求殷切，建築業興盛，板信適時推出房屋貸款、購屋貸款等業務，滿足了社員購置自用住宅的願望，也為自身創造合理的利潤。

一、放款的拓展情形

　　板信的放款業務，也不是一開始就很順遂，開業初期，信用放款占放款總額 30％以上，56 年時仍高達 20％以上（見表 4－1－4）。信用放款風險高，開業一年，就發生 9 件移送法院追訴的信用放款催收案件，〔註37〕延滯利息的案件也偏高。48 年時，為此板信為加強催收，還曾發動理、監事分配催收對象，進行催討工作。〔註38〕雖然當時訴追放款比率高，因為債權的徵信作業完善，保證人徵求齊全，所以雖有逾放案件，但債務都能獲得清償。由於當時的社會環境仍屬高利率（見表 4－2－1），故獲利亦佳。

〔註37〕00－46－71－100－1，〈板橋鎮信用合作社 47 年度第 7 次理事會紀錄・討論提案第 3 案〉（1958 年 8 月 12 日）。

〔註38〕00－46－71－100－1，〈板橋鎮信用合作社 48 年度第 7 次理事會紀錄・討論提案第 3 案〉（1959 年 8 月 26 日）。

表 4－2－1：板信 48 年 1 月 1 日存、放款利率表

存　款			放　款		
存款種類	利　率	換算成年息	放款種類	利　率	換算成年息
甲種活期存款	無息	無息	質押放款	日息 5 分 5 厘	19.80％
乙種活期存款	日息 8 厘	2.88％	信用放款	日息 5 分 8 厘	20.88％
定存一個月	月息 6 厘	7.02％	展期	加日息 5 厘	加 1.80％
定存三個月	月息 7 厘 5 毛	9.00％	逾期	加日息 1 分 5 厘	加 5.40％
定存六個月	月息 1 分 5 毛	12.60％	定期存單質押	照原利率加日息 5 厘	加 1.80％
儲金存款一個年	年息百分之 17	17.00％			

資料來源：依據板信 48 年 1 月 10 日〈板橋鎮信用合作社 48 年度第一次理事會紀錄，
　　　　　附件：利率表〉整理。

　　信用合作社的放款業務受限嚴格，板信積極的在尋求新的放款途徑。47
年曾計畫代理板橋鎮公所經營「公營當鋪」，後因資金問題不了了之。50 年代，
板橋鎮尚未十分繁榮，故板信放款業務推展，成效不佳。51 年度存放比率曾
低於 50％，當時板橋鎮人口尚不足 10 萬人，〔註 39〕放款業務只能貸放與社員，
拓展空間受限。板信又十分重視存款吸收，致存放比率數度降至 50％以下。

　　在法令限制的有限空間中，為了推動放款業務，53 年，板信推出「不動
產貸款辦法」，融資對象為有住屋需求的社員，凡社員購置自用住宅、購地自
建、改建舊屋都可以承作。50 年代初起，板信業務區域內人口激增，住宅需
求殷切，眾多社員購置住屋資金不足，乃紛紛向板信申請購置自用住宅貸款，
板信放款業務方逐漸起色。「不動產貸款」日後遂成為板信的主要放款業務。
〔註 40〕自「不動產貸款」業務推出，板信的信用放款業務即逐年迅速萎縮，
最低曾只剩 0.24％，成為聊表一格的放款業務（見表 4－1－4，4－1－5）。

〔註39〕盛清沂、吳基瑞編纂，《板橋市誌》，頁 333。民國 51 年板橋鎮人口為 67，107
　　　　人。
〔註40〕00－46－71－100－1，〈板橋鎮信用合作社 53 年度第 4 次理事會紀錄‧討論
　　　　事項第 2 案〉（1964 年 4 月 21 日）。

二、不動產貸款業務

凡以土地、房屋爲擔保品的貸款業務，統稱不動產貸款業務，以房屋爲擔保的放款稱房屋貸款，以建地（土地）爲擔保稱建地融資。板信的業務區域，在60年度之後，擴大爲4鄉鎮市，都是台北市重要衛星都市，大量的人口與家庭不斷的移入，造成住的需求非常殷切。爲滿足住的需求，應時代趨勢，地方上產生了大大小小的建築商，以建築集合式的公寓、大廈爲商品銷售，以滿足人民對住的需要。板信適時的推出房屋貸款，提供融資給社員購屋所需的資金，滿足社員住的需求。台灣的建築業被譽爲經濟火車頭，〔註41〕板信這項業務除了促進國家的經濟及地方繁榮外，也爲自身創造出成長的動力與績效。板信也因爲承做這項業務，吸引了大量的社員，及眾多的建築商加入板信社、業務運作的行列。

（一）業務區域內對住宅的需求

板信業務區域內因人量的移入人口，因此，對於住的需求特別的強烈。以一戶爲一個家庭計算，板信業務區域內4市的人口超過134萬人，戶數超過40萬戶，平均每年增加戶數17,000戶，如此眾多的戶口，充分供應住的需求，就具有龐大的商機存在（見表4-2-2）。

表4-2-2：板信業務區域4市人口、戶數統計表

項目 / 年度	板橋市		永和市		中和市		土城市	
	人口	戶數	人口	戶數	人口	戶數	人口	戶數
46	45,881	9,006	—	—	—	—	—	—
50	62,695	12,658	—	—	—	—	—	—
55	77,424	15,481	—	—	—	—	—	—
60	126,980	24,747	97,877	23,760	84,371	19,076	—	—
65	282,318	63,198	150,143	37,120	153,100	—	—	—
70	422,260	99,198	213,787	57,696	279,664	—	—	—
75	491,721	120,810	238,677	65,376	334,663	—	102,973	27,063
80	542,942	143,429	247,473	72,299	379,968	109,544	142,348	39,269

〔註41〕　〈營建業將離谷底，預期下半年復甦〉，《聯合報》，中華民國，1984年7月2日，01版。

項目 年度	板橋市		永和市		中和市		土城市	
	人口	戶數	人口	戶數	人口	戶數	人口	戶數
85	524,323	149,232	230,734	74,212	383,715	117,424	202,436	61,014
平均 增加	19,867	6,224	6.642	2,523	14,967	4,917	9,946	3,395

資料來源：一、人口數依據內政部編，《台閩地區人口統計年報》（1957～1996 年）整
理。

二、板橋市戶數依據《板橋市志》、《板橋市志續編》、《板橋市志三編》整
理。

三、永和市戶數依據《永和市志》整理。

四、中和市戶數民國 64 年以前依據《中和市志》，64 至 79 年無戶數資料
，79 年以後依〈台北縣重要統計季報〉整理。

五、土城市民國 81 年以前依據《土城市志》，82 年以後依台北縣政府主
計室編印，〈台北縣重要統計季報〉整理。

（二）房屋貸款

板信的房屋貸款，是社員提供自有房舍作擔保向板信貸款，購屋貸款與
住宅貸款都屬房屋貸款的一種。板信在業務上的劃分，房屋貸款屬於短期性
的周轉融資，購屋貸款、住宅貸款則為中長期的放款。53 年起，板信推出房
屋貸款後，放款主力逐漸轉為房屋貸款。58 年左右，開始與建商接洽購屋貸
款，放款業務更加快速的偏移到房地產性質的放款。

板信房屋貸款的期間只有 1 年，這項業務因借款期間太短，並不合乎購
屋者長期資金的需求。〔註 42〕板信計畫推出中長期的購屋貸款，但主關機關
對信用合作社辦理長期住宅貸款業務，原則上不表贊同。為配合社員購買住
宅需要的長期融資，板信採用每年借據展期的方式變通，但手續繁雜，致經
辦辛苦，成長也有限（見表 4－1－4）。

1. 購屋貸款

購屋貸款是購屋者以新購房地產做擔保，向板信申請貸款，以獲取資金
支付購屋不足的價款。建商可以很安心的出售成屋，取得房屋價款。所以建

〔註 42〕 00－46－71－100－1，〈板橋鎮信用合作社 53 年度第 4 次理事會‧討論事項
第 2 案〉（1964 年 4 月 21 日）。及〈板橋鎮信用合作社 53 年度第 10 次理事會‧
討論事項第 3 案〉（1964 年 10 月 15 日）。

商也樂意代購屋者向板信接洽整批購屋貸款，板信亦樂意接受建商申請整批
性的購屋融資，增加收益。

板信的業務區域內，住的需求非常殷切，所以建築業興盛，民眾購置住
宅資金不足，有強烈的貸款需求，板信順應社會需求，推出以房屋為擔保的
貸款業務，這項放款業務成為板信的最重要的主力業務。民眾為獲取貸款，
加入板信為社員，建商為取得週轉資金，也紛紛參與板信事務，在長期的雙
重交互作用下，使板信的社員組成，及業務都受到深遠的影響。

59 年左右，板信開始與建商合作，推出購屋貸款。由建商將已經預售的
房屋，先與板信洽妥貸款額度，完工後，由板信配合購屋者，提供所需的購屋
貸款。建案在取得房屋使用執照後，板信、建商、與購買戶三方約定適當時間
「對保」〔註43〕，購屋者繳交貸款所需的證件及文件，提供新購之房屋作為貸
款擔保。手續完備後，建商將完工房屋，產權清楚的點交給購屋者，即知會板
信撥款。板信檢視所有證件、產權、手續完備無缺後，向購屋者確認房屋點交
無誤後，才將貸款撥入購屋者在板信的存款戶頭內。同日建商則將購屋者預先
留存之存摺及填寫完備之取款條，以轉帳方式取得應得之購屋餘款。

這種房屋貸款業務，板信、建商、購屋者三方利益均有保障。板信方面，
獲得具有良好擔保及品質的放款業務，長期的低逾放比率，及近30年的無呆
帳產生，對板信每年盈餘有相當之貢獻。購屋者方面，由於板信嚴格要求貸
款標的產權必須清楚，故購屋者獲得完整產權後，板信才會依雙方合約貸放。
這讓購屋者除了自備款外，不必擔心資金不足的問題，也不必擔心產權上的
問題。建商方面，也不需擔心產權移轉後，無法取得購屋者貸款部分的價款
的顧慮。

這項業務在永和分社開幕後，與建商之間的合作就更進一步。67 年，邱
明政就任後，將房屋貸款借據期間延長為 5 年，成為中期放款，作業簡化後，
這項業務才有了突破性發展，之後，購屋貸款成為板信貸款業務主力（見表4
－1－5）。〔註44〕

〔註43〕貸款申請人，以自己或他人不動產所有權向金融機構申請貸款，申請人、不
　　　動產所有人及銀行要求之保證人至申請行，提出申請書、產權權狀、印鑑證
　　　明及銀行規定之必要文件，簽署貸款約定書、借據或本票及必要之文件交與
　　　銀行以憑辦理貸款之手續。
〔註44〕00－46－71－100－1，〈板橋信用合作社 67 年度第 7 次理事會紀錄‧討論事
　　　項第 3 案〉（1978 年 6 月 26 日）。

表 4－2－3：板信營運日報表歸類之各項放款統計表　　單位：百萬元

類別＼科目	84 年 2 月 17 日			86 年 5 月 26 日		
	戶數	餘額	比率%	戶數	餘額	比率%
週轉性放款	7,765	16,309	46.87	6,298	10,387	29.65
一般購屋貸款	7,700	9,853	28.32	8,296	11,639	33.23
住宅貸款	3,665	8,579	24.65	4,884	12,532	35.77
催收款	20	56	0.16	154	474	1.35
總　　額	19,150	34,797	100.00	19,632	35,032	100.00

資料來源：根據板信 00－82－84－100－6〈84 年度第 4 次理事會紀錄・附件：84 年
2 月 17 日營運報表〉（1995 年 3 月 23 日），及 00－85－86－100－6〈86
年度 6 月份第 1 次理事會記錄・附件：86 年 5 月 26 日營運日報表〉整理。

2. 住宅貸款

住宅貸款應正名爲「無自用住宅貸款」，也是一種購屋貸款業務，兩種貸款最大不同，主管機關要求辦理住宅貸款的銀行，必須查明申貸者本人、配偶及直系親屬均無自用住宅，方可列爲住宅貸款，給予長期融資。信用合作社辦理住宅貸款業務，直到 68 年才獲得主關機關同意，得比照銀行法辦理長期住宅貸款。這項業務實施後，有近半左右的購屋貸款案件申請成爲住宅貸款（見表 4－2－3）。

（三）建築融資

民國 78 年 2 月 28 日，中央銀行採取「選擇性金融管制」限制空地貸款以前，〔註 45〕板信有因建商購買建地，資金不足，以新購建地向板信申請融資，順勢承作「建築融資」。這項業務是業務區域內建築業興盛，需要資金週轉，紛紛向板信尋求支應，爲因應這項需求，板信於 56 年將「不動產抵押貸款辦法」，〔註 46〕改爲「不動產抵押貸款準則」加入「土地融資」的規範，開

〔註 45〕00－76－78－100－3，〈板橋信用合作社 78 年度第 3 次理事會記錄〉（1989
年 3 月 10 日）。附件：「中央銀行 78／2／28（78）台央字第 189 號函」
〔註 46〕00－46－71－100－1，〈板橋鎮信用合作社 54 年度第 7 次理事會紀錄・討論
事項第 5 案〉（1965 年 8 月 27 日）。「附件：板橋信用合作社不動產抵押貸款
辦法」。

始承辦建地融資。〔註47〕這項業務板信很穩健的承接，74 年貸款金額，只有 1 億 5 千萬餘元，占放款總額的 1.94%。〔註48〕到了 79 年，只統計超過 1 億元以上的空地暨空地建築融資金額，即已超過 11 億 5 千餘萬元，占總放款金額的 6.14%，〔註49〕這項放款業務也成為主力放款業務之一。

板信的業務區域擴大後，區域內隨著經濟繁榮及人口激增，住宅的需求日盛，造就板橋、中、永和、土城 4 市的建築業興隆。板信遂與建築業締結了不可分的關係。所以許多在地的建商或建築公司，為自信用合作社取得資金，就以個人名義入社為社員，再以社員名義分別向板信申請週轉資金。這種建築業的放款，在板信有相當的比率（見表 4－2－5）。

板信的建築業週轉性融資可分為兩種形式的融資。

1. 一般性擔保放款

這種放款與其他行業向板信申請的週轉性融資無異，由建商以個人名義申請，提供自有或他人之房地產為擔保。但因社員最高貸款金額受限制，所以無法滿足建築業大筆週轉資金的需求，故多採變通辦理，由建商（或建築公司）提供與其有關係之社員數人，分別向板信申請貸款，獲取所需的週轉資金，再集中由該建商使用的方式，此即所謂的分散借款，集中使用。因為這種融資，都有適當的規避，且擔保十足，貸款也都能按時還款，所以板信未曾發生任何弊端。

2. 建地融資

以興建住宅出售為主的建築商，建地是一項重要的、不可或缺的資產及成本要素。從取得土地，規畫建案、動工興建到完工銷售，短則一、二年，長則十年以上，造成成本的累積，及資本的積壓，對建商資金的運用是一項沉重的負擔。每一建商（或建設公司）莫不需要將這項積壓的資本，轉化可以運用的週轉金。

〔註47〕 00－46－71－100－1，〈板橋鎮信用合作社 56 年度第 11 次理事會紀錄‧討論事項第 3 案〉（1967 年 11 月 21 日）。附件：「板橋信用合作社不動產抵押貸款準則」。

〔註48〕 00－72－75－100－2，〈板橋信用合作社 74 年度第 16 次理事會記錄〉（1985 年 12 月 24 日）。「附件：空地貸款統計表」。

〔註49〕 00－79－81－100－4，〈板橋信用合作社 74 年度第 12 次理事會記錄〉（1990 年 10 月 15 日）。「附件：板橋信用合作社空地暨空地融資超過一億以上明細表」

　　板信最初開放的建地放款，只受理「都市計畫內商業及住宅區空地」3 公畝以內之空地申請融資，當時作風保守，每一社員可提出申請的土地面積不大，且估價僅以公告現值核貸，〔註50〕融資金額受限，貸放成數也不高，不符合一般建築公司資金之需求。74 年時，累計貸放額才 1 億 5 千餘萬元（見表 4－2－4）。這種以空地為擔保之融資，要到 77 年時因房地產價格飆高，才有較多的利用。78 年因中央銀行實施「選擇性信用管制」，一度停頓，但隔年又恢復申請，〔註51〕到了 83 年，融資金額已增加到 28 億元以上（見表 4－2－5）。

表 4－2－4：板信 74 年 12 月建地貸款統計表　　　　　單位：千元

單位別	件數	設定金額	貸放金額
營業部	13	43,280	42,380
儲蓄部	5	18,350	18,350
永和分社	9	38,900	28,600
埔墘分社	6	46,700	46,700
華江分社	3	10,500	7,500
民族分社	2	8,700	7,000
合　計	38	166,430	150,530

資料來源：依據板信 00－72－75－100－2，〈板橋信用合作社 74 年第 16 次理事會紀錄・附件：空地貸款統計表〉。

表 4－2－5：板信 73 年～83 年放款審核委員會通過授信案件統計表
　　　　　　金額單位：千元。

年度	通過總數		一般工商業週轉		建築業融資		土地或建築融資		放款總額
	件數	金額	件數	金額	件數	金額	件數	金額	金額
73	395	821,200	235	485,470	160	335,730	－	－	6,611,048
74	450	752,645	331	463,035	119	289,610	－	－	7,836,001
75	346	347,550	261	186,470	85	161,080	1	21,000	7,342,209

〔註50〕00－46－71－100－1，〈板橋信用合作社 71 年度第 6 次理事會記錄・討論事項第 8 案〉（1982 年 6 月 24 日）。
〔註51〕00－76－78－100－3，〈板橋信用合作社 78 年度第 3 次理事會紀錄・討論事項第 2 案〉（1989 年 3 月 10 日）。附件：「中央銀行 78／2／28（78）台央字第 189 號函」。

年度	通過總數		一般工商業週轉		建築業融資		土地或建築融資		放款總額
	件數	金額	件數	金額	件數	金額	件數	金額	金額
76	536	1,888,483	344	639,120	175	679,373	17	569,990	8,158,115
77	1,322	6,727,780	612	1,910,285	319	2,061,240	391	2,756,255	12,608,482
78	895	3,821,560	714	2,979,830	181	841,670	—		15,579,961
79	441	3,359,046	314	1,761,180	124	1,286,866	3	311,000	18,632,430
80	328	6,538,640	160	1,837,490	119	2,021,650	49	2,679,500	22,500,491
81	303	5,457,980	136	1,459,690	167	3,998,290	—		26,341,622
82	318	5,116,760	152	1,571,280	137	2,030,380	29	1,515,100	29,564,417
83	415	7,197,380	276	1,576,230	127	2,770,450	12	2,850,700	34,364,399

資料來源：依據板信73～83年歷次〈監事會記錄，附件：放款審核委員會審核案件議決事項〉整理統計。83年以後資料未公開。

三、逾期放款及呆帳

　　金融機構的放款業務是非常專業性的作業，特別講求「安全性」、「收益性」、「流通性」。板信的放款業務則特別偏重於「安全性」，所以逾期放款、呆帳低，自創立起至73年以前，未曾產生過實際的呆帳（壞帳）（見表4－2－6）。〔註52〕

表4－2－6：板信實際發生「壞帳」統計表　　　　　　　金額單位：元

打消壞帳年度	件數	債權金額			實際壞帳金額	放款餘額	比例 %
		本金	累計利息	合計			
77 年	57	42,330,400	1,953,936	44,284336	4,867,869	12,608,482,561	0.039
78 年	30	—	—	—	831,421	15,579,961,785	0.005
82 年	1	—	—	—	3,298	29,564,417,604	—
85 年	5	—	—	—	520,982	36,722,658,515	0.001

資料來源：一、依據板信各年度〈社員代表大會議案〉整理。

　　　　　二、78年起因關係個人資料之隱密不再提供壞帳明細。

〔註52〕板信編，〈板橋信用合作社77年度社員代表大會議案‧報告事項〉，頁2～8。
　　　　最早發生的訴追不足案件，借據到期日為73年1月28日。

　　板信的擔保放款占放款業務的最大部分，64 年已高達 93.17％，70 年起，迄 86 年改制，都在 99％以上（見表 4－1－5）信用放款業務只是點綴而已。

　　板信的放款除了有高度的擔保外，並且注重擔保物的完整性及實際價值，催收案件，大部分都能十足收回本利，所以呆帳率低（見表 4－2－6）。平時亦特別重視催收工作，延滯、逾期放款一直是板信理、監事會注目的焦點，每個月分都列入理、監事會的報告事項之一，〔註53〕逾期放款稍微增加，監事會也會建議理事會加強催收。

　　催收工作最初以成立催收小組方式，由理監事或指定幹部帶領組員進行催討，達成目標後就解散。〔註54〕但催收業務是一項常態工作，而且延滯放款、逾期放款會隨著放款業務成長而增加。催收工作是長期又持續的任務，最重時效，為了能及時處理，54 年理事會特別訂定逾放催收辦法，將延滯及逾期放款依時間長短分三段，指定專人負責，規定獎懲切實施行。〔註55〕由於理、監事會非常重視，經辦人員不敢怠惰，所以板信的逾期放款低，催收案件少（見 4－2－7）；加上擔保物的實質擔保堅實，所以減少了實際壞帳的產生。

表 4－2－7：板信延滯放款、逾期放款暨催收款比較　　　　單位千元

項目 時間	延滯放款 金額	延滯放款 比率%	逾期放款 金額	逾期放款 比率%	催收款 金額	催收款 比率%	放款餘額 金額
70 年 5 月	2,077	0.06	－	－	－	－	3,306,989
73 年 12 月	－	－	31,554	0.48	18,634	0.28	6,611,048
74 年 12 月	－	－	37,024	0.48	88,637	1.14	7,747,361
75 年 12 月	－	－	54,180	0.74	135,670	1.85	7,342,209
84 年 12 月	－	－	207,212	0.53	146,598	0.37	39,211,970
85 年 12 月	558750	1.52	465,226	1.27	379,027	1.03	36.722.659
86 年 8 月	543,497	1.56	419,385	1.21	405,375	1.17	34,790,788

資料來源：依據板信理事會記錄「報告事項」附件整理。（大部份年度無附件）。

〔註53〕參見板信各年度各月份理監事會議紀錄報告事項。

〔註54〕00－46－71－100－1，〈板橋鎮信用合作社 52 年度第 6 次理事會紀錄‧討論事項第 3 案〉（1963 年 6 月 28 日）。

〔註55〕00－46－71－100－1，〈板橋鎮信用合作社 5$年度第 3 次理事會紀錄‧討論事項第 2 案〉（1965 年 3 月 9 日）。

四、放款業務與地方經濟

信用合作社的放款，依法只能貸放給戶籍位於區域內的社員生活上正當用途之資金，及商業上、生產上必要之週轉金。所以信用合作社的放款業務，與地方上一般民眾或工商業者特別密切。

（一）一般商業

板信創立是由板橋地區的小工商業者、公教人員、及受薪者等一般社會大眾所組織的。因受限於法令，資金只能供給社員，所以在民國53年之前，建築業未興，全部以提供所在地社員的小工商業之週轉金，或生活上必要之資金為主。其後，業務區域內人口快速增加，民眾購屋貸款需求旺盛，資金才逐漸轉入房地產貸款，不過板信對一般小企業或行號的週轉資金融通，一直維持相當之比率。在板信存續期間，有多少資金是提供給地方的小型企業或行號作為週轉金，在現存的檔案中無法精確了解，只能從有限資料得知。

1. 民國53年以前，板信的資金大約以供給板橋地區的一般小工商業融資為主，當時放款類別分為抵押放款與信用放款兩種，初期，信用放款曾高達放款總額30%以上之比率（見表4-1-4）。

2. 民國54年，板信推出購屋貸款，最初仍以商業性週轉為主，但資金供應的方向已逐漸轉移至房屋貸款，信用放款明顯減少。

67年以後，板信的放款業務，幾乎都是以房地產為擔保的業務，信用放款的比率常在1%以下（見表4-1-5）。從73年起至83年間，從板信放審會通過之案件，可以看出週轉性融資，逐年偏移至建築業的趨勢。在73年，放審會通過的一般工商業週轉融資仍占有59%的比率，80年以後，一般小工商業融資金額，都低於週轉性放款總額的30%以下的比率（見表4-2-5）。

（二）與地方建築業

信用合作社放款對象以社員為主，無法提供企業融資。故板信業務區域內工業區林立，產值龐大，卻與板信完全無關。但依法令可以確定板信的資金，都是貸放給業務區域內之社員，這是無庸置疑的，其中大部分資金是流向建築業。

板信與地方建築產業的關連，隨著業務區域的繁榮與時間的推移，有幾個不同的階段發展。

1. 民國54年至58年：板信推出以房屋為擔保的貸款，提供社員自建、改

建、購置住宅的資金。建購房屋需要較長資金融通，該項業務因期間短，業務推廣不易，貸款業務仍以一般中小工商業之周轉金為主。

2. 民國 59 年至 66 年：台北──板橋間重要橋樑華江橋通車後，人口迅速移入板橋，住宅需求旺盛，建築業興起，板信開始與建商合作，辦理「整批性購屋貸款」，自此，板信與建築業關係逐漸緊密。

3. 民國 67 年至 73 年：板信將購屋貸款借據期限延長至 5 年，減少房屋貸款煩瑣的手續。68 年，政府亦同意信用合作社開辦長期購屋貸款，申辦購屋貸款案件增多。區域內擁有自有房地產者比率提高，板信對一般商業周轉性貸款，也要求業主提供房地產為擔保。從 67 年起，板信的放款業務，以房屋擔保放款的比率，大部份年度多高達 99％以上。

4. 民國 74 年以後：板信開始接辦建築業提供建地為擔保的融資，78 年板信社員可貸放金額提高為 8,000 萬元，足供建商周轉，建地融資的案件及金額，遂迅速增加（見表 4－2－5）。

這時候，板信大部份的放款資金，多投入在房地產的行業中，成為一個以房地產融資為主的專業性金融機構。以板信業務區域內只有 4 個縣轄市，面積未滿 80 平方公里，占全台總面積比率只有 0.22％的基層金融，〔註56〕但全社購屋貸款的餘額，相較於以專辦全台不動產融資的專業銀行──土地銀行，板信的購屋貸款總額，與該行相類似放款全省總金額的比率，達到 3.79％（見表 4－2－8）。在板信的內部，84 年 2 月這項放款，佔全社放款的 53％；86 年 5 月則占全社比率近 70％。其餘週轉性融資的 30％的比率中，亦有近 70％是屬於建築業的融資（見表 4－2－8）。由此知板信與業務區域內建築業緊密的關係。

表 4－2－8：民國 86 年 6 月份板信與各銀行購屋貸款餘額比較表

單位：億元

銀行別	購屋貸款餘額	板信與各行比率%	備　註
台灣銀行	1,247.10	19.38	
土地銀行	6,381.00	3.79	
合作金庫	3,486.00	6.93	
第一銀行	1,436.00	18.83	

〔註56〕板橋市面積 23.42＋中和市 20.29＋永和市 5.59＋土城市 29.53＝78.84（平方公里），台灣面積為 35,582.75 平方公里，兩者比率為 0.22％。

銀行別	購屋貸款餘額	板信與各行比率%	備　註
華南銀行	820.00	29.48	
彰化銀行	865.00	27.94	
高雄銀行	279.00	86.63	
農民銀行	295.00	81.94	
台灣中小企銀	1,160.00	20.84	
台北企銀	234.00	103.29	更名為永豐銀行
板橋信用	241.71	—	86／5／26 餘額

資料來源：一、各銀行資料依據〈中華民國台灣地區民國八十六年住宅資訊統計彙
　　　　　　　報〉（內政部，86 年 9 月）整理。

　　　　　二、板信資料依據〈86 年 5 月 26 日營運日報表〉，〈86 年度 6 月份第 1 次
　　　　　　　理事會記錄・附件〉整理。

第三節　營業區域與營業單位對社、業務的影響

　　信用合作社不只業務項目被限制，業務區域及分支機構設立，都須經過
主管機關核准。而這三項在主管機關嚴格控管下，未經核准，是不容逾越的
界線。板信因概括承受永和信用，業務區域得超越限制跨越 4 各鄉鎮市，但
分社的設置則無法逾越法令規定，使業務難以更進一步，達到領先全國同業
的地位。

一、營業區域限制的影響

　　信用合作社的業務區域，依據法令被限定在一定的區域範圍內，規範社
員的入社資格及權利、義務的基礎。各社的業務區域，因為歷史淵源有別，
所在地域經濟繁榮各不相同，區域範圍亦有差異，造成業務成長、規模大小
不一，各社為求發展，無不設法尋求突破，致使各社發展型態不一。61 年，
財政部為免於紛擾，再以命令規定各社現行之業務區域，如於章程內明訂，
並經主管機關核准有案者，暫准維持現狀。〔註 57〕信用合作社的業務區域問
題，才得到明確的處理原則。財政部亦依此原則，嚴格檢視各社的業務區域，
各社未得許可是不得超越，這項法令嚴重限制住台灣信用合作社的發展。這

〔註57〕台北市財政局編印，《合作金融法令彙編》，頁 80。「財政部 61／11／28 台財
　　　　錢第二一二五一號令『信用合作社業務區域問題處理原則』」。

項限制至 82 年〈信用合作社法〉頒布，業務區域才獲得紓解。但這項放寬政策公佈時機已晚，台灣的金融環境丕變，體質好的信用合作社紛紛改制為商業銀行，體質不佳者被合併消失了，現存者的未來發展則尚待觀察。

　　台灣信用合作社經營的優劣，除了人為的因素外，與業務區域有很大的關聯，規模較大者，多在大都會區，區域內人口眾多，經濟繁榮。依據 77 年的統計資料，存款有一百億元億上規模的信用合作社共 19 家，幾乎都在大都會區，或緊鄰大都會的重要市鎮（見表 4－3－1）。[註 58]

表 4－3－1：民國 77 年國內信用合作社存、放款金額前十名比較表

單位：千元

存　款			放　款		
名次	單位名稱	金　額	名次	單位名稱	金　額
1	台北三信	33,517,303	1	台北三信	18,799,307
2	台中三信	22,135,652	2	高雄三信	14,900,199
3	高雄三信	21,123,897	3	台中七信	13,832,013
4	台中七信	19,710,701	4	台中三信	12,958,849
5	板　信	19,130,139	5	板　信	12,587,478
6	台北陽信	17,924,887	6	台中一信	11,968,532
7	台中二信	17,373,143	7	台北陽信	11,376,188
8	台中一信	16,461,880	8	台北二信	11,081,441
9	高雄一信	16,179,025	9	高雄一信	10,869,182
10	台北二信	14,852,763	10	台北二信	9,493,620

資料來源：依據中華民國信用合作社聯合社編印，《台灣地區信用合作發展史》，頁
　　　　　166、167、186。

　　信用合作社的業務區域，受到主管機管嚴格的限制，經營的地域範圍大約可歸類為 3 種：

　　（一）在一個行政區域內，有多家信用合作社。這類的信用合作社大多在院轄市、省轄市或縣轄市，如台北市、高雄市、台中市……等大都會區，

〔註 58〕中華民國信用合作社聯合社編印，《台灣地區信用合作發展史》，頁 167。

分支機構數多，較具規模。在〈信用合作社法〉頒布前，經營區域都未超越總社所在地的行政區域範圍。〔註59〕

（二）在一個行政區域內，只有一家信用合作社。這類的信用合作社，大多為各縣的縣轄市，如宜蘭市、桃園市、鳳山市……；或較知名的市鎮，如員林鎮、鹿港鎮、……等地及金門縣，這類信用合作社大多規模較小，分社數有限，都亟欲擴張經營的區域。78 年，財政部才放寬申設分支單位限制後，各社多申請跨越區域設立分社。

（三）一家信用合作社跨越鄰近的鄉鎮市，這類的信用合作社有淡水第一信用、板橋信用、新竹一信、新竹二信、竹南信用、苗栗信用、南投市信用、岡山信用、旗山信用、東港信用等 10 社，〔註60〕其中除了板橋信用、南投市信用外，其他各社均為歷史悠久的合作社，在財政部接管前，各社章程即已核准涵蓋至鄰近鄉鎮。〔註61〕

財政部限制業務區域最大的作用，在規範各社分社的申請。自 61 年迄 73 年間，全國各社申設分社，皆被限制於各社總社所在的行政區域內，這讓各信用合作社受到難以拓展業務之苦。

板信的營業區域屬於第二類，區域內的經濟繁榮、人口稠密，可以讓板信的規模不斷擴展。直迄改制為「板信商業銀行」前，總結板信的社、業務的全貌，為業務區域涵蓋 4 個縣轄市，4 市內總戶數 409,794 戶，總人口 1,344,345 人；〔註62〕85 年底總決算成績，社員人數 102,705 人，股金總數新台幣：60 億 9 萬 3 千元；存款總數新台幣：566 億 3,735 萬餘元，放款總數新台幣：367 億 2,265 萬餘元；盈餘 7 億 2,103 萬餘元；〔註63〕總分支單位 11 個，員工 440 名。〔註64〕這種績效時不亞於大都會區的同業（如表 4－3－2）。

〔註59〕中華民國信用合作社聯合社編印，《信用合作社一覽》（台北市：中華民國信用合作社聯合社，1996 年）。
〔註60〕中華民國信用合作社聯合社編印，《信用合作社一覽》。
〔註61〕中華民國信用合作社聯合社編印，《台灣地區信用合作發展》。見下冊第 5、6、7 章各社簡史。
〔註62〕台北縣永和市戶政事務所網站，〈台北縣 86 年 8 月份各鄉鎮市人數統計〉（http://www.yonghe.ris.tpc.gov.tw）。
〔註63〕板信編，〈板橋信用合作社 85 年業務報告〉（1996 年）。
〔註64〕中華民國合作事業協會編印，〈中華民國 86 年合作事業統計年報〉。

表 4－3－2：民國 85 年度總資產前五名信用合作社各項社、業務比
較表　　　　　　　　　　　　　　　　金額單位：千元

比較項目	板橋信用	陽明山信用	台北三信	台中七信	台中三信
總資產	68,904,261	77,438,034	72,938,196	70,730,392	68,552,723
總資產名次	4	1	2	3	5
設立時間	46／7／5	46／10／24	7／6／1	36／6／23	4／12／17
社員數（人）	102,705	80.832	31,726	68,920	71,176
股金總數	6,000,093	2,725,676	2,350,000	2,203,690	3,181,661
分社數	11	19	20	13	13
存款餘額	56,637,360	65,317,606	56,749,536	58,811,238	51,852,702
放款餘額	36,343,633	42,941,654	38,149,146	36,315,876	34,399,840
盈餘	722,874	440,169	731,606	612,836	569,609
員工數	440	659	760	576	543
員工獲利力	1,642	668	962	1,064	1,049

資料來源：一、依據中華民國合作事業協會編印，〈中華民國八十六年合作事業統計
　　　　　　　年報〉整理。

　　　　　二、設立時間依據中華民國信用合作社聯合社編印，〈下編〉，《台灣地區
　　　　　　　信用合作發展史》。

　　　　　三、員工獲利力係指每社每一位員工平均獲利能力。

二、營業單位對社、業務的影響

　　板信在 4 位理事主席主事下經營規模日進，已為全國知名的信用合作社，
存款規模排名約在 2、3、4 之列。改制前，板信的績效，始終維持在這種狀
況，為何難以突破，板信內部以為，營業單位受限，區域內無法設置足夠的
營業單位，是排名無法更加精進的最大原因。

（一）對業務的影響

　　信用合作社經營規模的大小、良莠，除了自身經營團隊外，業務區域的
經營環境，也是重要因素之一。在各方面都有良好的條件下，營業單位的家
數，常是決定規模的重要因素。板信在改制前，全部的營業單位共 11 家總、
分社。這項規模與其他知名同業相比，顯然有很大差異。〔註65〕

〔註65〕信用合作社的分支單位，依 83 年規定，不計總社及儲蓄部，院轄市最多 18
　　　　個單位，省轄市 11 個單位，縣轄市 9 個單位。

　　從表4－3－3比較，板信每一的營業單位的存款平均數有51億餘元，在5家信用合作社中最高，較排名第一的「台北陽信」每單位的平均存款，要多出17億餘元。放款方面，板信每單位平均有33億餘元，也超過「台北陽信」營業單位的平均數近11億元。板信的業務區域的人口數，不亞於台北、高雄等院轄市或台中市（見表 4－3－4）。境內除了有板橋農會、中和農會、土城農會外，並無其他基層金融機構的競爭，有如此好的經營條件，與高於同業的績效，存放款規模的總體排行始終無法領先全台同業，營業單位受限，是最大的因素。

表4－3－3：民國85年度板信存、放款規模與同業比較表

存款排名　　　　　　　　　　　　　　放款排名　　　　金額單位：千元

名次	單位名稱	總分社數	存款金額	平均金額	單位名稱	總分社數	放款金額	平均金額
1	台北陽信	19	65,317,606	3,437,769	台北陽信	19	42,961,654	2,261,139
2	台中七信	13	58,811,238	4,523,941	台北三信	20	38,149,146	1,907,457
3	台北三信	20	56,749,536	2,837,477	**板橋信用**	11	36,343,633	3,303,967
4	**板橋信用**	11	56,637,360	5,148,851	台中七信	13	36,315,876	2,793,529
5	高雄三信	19	53,305,114	2,805,532	台中三信	13	34,399,840	2,646,141

資料來源：依據中華民國合作事業協會編印，《中華民國86年合作事業統計年報》整理。

表4－3－4：板信業務區域人口數與台北縣、台北市比較

年度	板信業務區域人口	台北縣人口	比率%	台北市人口	比率
59	126,980	－	－	－	－
60	341,347	886,525	38.50	1,839,641	18.56
70	976,109	2,354,858	41.45	2,270,983	42.98
80	1,312,731	3,107,276	42.25	2,717,992	48.30
85	1,341,208	3,355,299	39.97	2,605,374	51.48

資料來源：依據內政部編，《台閩地區人口統計年報》（1971～1996年）整理。

（二）對社務的影響

金融業對客戶的服務是經由營業單位來實現的，信用合作社的客戶以社員為主，營業單位的疏密與服務品質有相關聯，銀行大部份的業務，是以「來店」服務為主，分社的設置與社務經營有很大的關係。板信業務區域內 4 個縣轄市，因為分行設置的先後，影響各個區域的社員數，相對的也影響到社員代表的產生（見表 4－3－5）。

板信的業務區域內的 4 個縣轄市，因為分行設置的不均衡，及設立時間先後有別，使各區域社員的人數有非常顯著的差異。設於板橋市的營業單位，時間最早，分社多，所以社務重點集中在板橋地區；中和市先有臨近的民族分社，後又設置中和分社，所以社員次之；土城市到了 79 年初才有分社，故社員最少。因此至民國 80 年，中、永和、土城三市的社員代表席次，總合才得突破 35%。

信用合作社社員代表分區選出，多少有地域性格，因為板橋市社員占大多數，所以板信歷任理、監事多由板橋市籍之社員中選出。加上「選聘準則」規定，理監事選舉，每位社員代表得以連記法圈選候選人。所以社員少的地區，難以獨立推任本區之候選人。〔註 66〕這是中永和、土城等地區較少地方人士參與板信理事會的原因。

73 年起，板信理、監事會才有板橋市籍以外社員擔任理、監事，第 1 位是永和市籍的陳欽諭，選任前以曾歷任 3 屆社員代表職務。其後中和市籍的社員呂禮旺、簡林龍；土城市籍的盧美珍等人，才陸續參與板信理、監事的職務（見表 4－3－6）。在板信 40 年的存續期間，非板橋市籍的社員，前後只有這少數 4 位參與理監事會。

表 4－3－5：板信分社設置與社員、社員代表增減關係

年度	總社	儲蓄部	永和	埔墘	華江	民族	中和	土城
設立日期	46/7/5	59/7/3	60/3/23	62/10/15	64/1/29	65/10/15	78/3/15	79/1/22
59 年（7 屆）	1,249	247	0	242	115	89	—	115
	52	19	0	11	5	4	—	5
62 年（8 屆）	1,423	622	184	333	217	260	—	158
	55	24	7	13	8	10	—	6

〔註 66〕73 年社員代表人數 190 名，每名代表得圈選 10 位理事候選人，190×10÷15 ＝126；監事得圈選 3 位候選人，190×3÷5＝114。

年度	總社	儲蓄部	永和	埔墘	華江	民族	中和	土城
65 年 （9 屆）	2,059	1,025	515	921	611	509	－	155
	52	26	13	23	16	13	－	4
68 年 （10 屆）	3,877	2,016	1,270	2,022	2,533	1,348	－	191
	56	29	18	29	36	19	－	3
71 年 （11 屆）	6,990	3,461	2,021	3,515	4,712	2,8936	－	177
	55	28	16	29	38	23	－	1
74 年 （12 屆）	11,735	5,670	3,531	6,110	7,809	5,978	－	690
	42	20	12	21	27	21	－	2
77 年 （13 屆）	11,656	5,647	3,540	5,868	7,632	6,561	－	1,676
	41	19	12	20	25	22	－	6
80 年 （14 屆）	16,728	7,947	6,760	8,771	11,561	－	11,295	3,707
	36	17	15	19	25	－	25	8
83 年 （15 屆）	19,379	9,754	8,481	10,546	13,888	－	14,112	5,683
	36	18	16	19	25	－	26	11
86 年 （16 屆）	21,551	10,436	9,519	11,840	15,571	－	16,220	8,426
	36	17	15	19	25	－	26	13

資料來源：依據一、58 年度第 12 次理事會紀錄附件：〈第七屆社員代表改選計畫〉。二、61 年度第 10 次理事會紀錄附件：〈第八屆社員代表分組應選出代表及投票地點計畫表〉。三、64 年度第 12 次理事會紀錄附件：〈第九屆社員代表分組應選出代表及投票地點計畫表〉。四、67 年度第 12 次理事會紀錄附件：〈第十屆社員代表分組應選出代表及投票地點計畫表〉。五、70 年度第 12 次理事會紀錄附件：〈第十一屆社員代表分組應選出代表及投票地點計畫表〉。六、73 年度第 15 次理事會紀錄附件：〈第十一、十二屆社員代表各組應選名額比較表〉。76 年度第 13 次理事會紀錄附件：〈第十二、十三屆社員代表各組應選名額比較表〉；79 年度第 12 次理事會紀錄附件：〈第十三、十四屆社員代表各組應選名額比較表〉；82 年度第 14 次理事會紀錄附件：〈第十四、十五屆社員代表各組應選名額比較表〉；85 年度 10 月份第 2 次理事會紀錄附件：〈第十五、十六屆社員代表各組應選名額比較表〉等表整理。

表 4－3－6：板信歷任理、監事設籍於板橋市以外明細表

順序	姓名	設籍地區	社員代表	理事	監事	備註
1	陳欽諭	永和市	9、10、11	10、11		
2	呂禮旺	中和市		14	33～37	
3	盧美珍	土城市			32～35	配偶朱進展
4	簡林龍	中和市	12～15		38	

資料來源：一、依據板信〈理監事名錄〉及〈社員代表名錄〉整理。

　　　　　二、表內數字為板信社內各項職務之任期屆次。

　　　　　三、盧美珍配偶朱進展，曾歷任板信 12～16 屆社員代表職務，亦為土城市第 13、14 屆鄉民代表、第 1 屆市民代表職務（參見《土城市志》）。

第四節　社　務

　　社務是信用合作社設置的目的，社務的好壞關係到社員的權益。信用合作社是「人的結合」，因此，社員是信用合作社的最根本基礎。如何依合作社法，以公平原則，在互助組織的基礎上，謀求社員之利益，是處理社務的要義。

　　板信一向注重社務，尤其股利分發及社員福利的分配，改制前，每年的股利只有一年低於 10%，最高時，股利加上紀念品代金曾高達 24%。福利方面，在合作教育及社員子女獎學金是最受稱道。每年分配的福利品除了分發社員外，也是各方索取的物品。

一、信用合作社社員

　　信用合作社是合作社之一種，所以社員相關的法令，也以〈合作社法〉為主。民國 59 年，財政部統一管理信用合作社後，除了業務另訂定外，社務方面亦以〈合作社法〉等相關法令來管理信用合作社的社務。83 年以後，則以頒定的〈信用合作社法〉為依據。

（一）合作社法有關社員的規定

　　基於合作社門戶開放、組織公開的原則，合作社法對社員的規定至為簡單。依合作社法規定，積極資格有 2 項：

　1. 合作社社員必須年滿 20 歲。

2. 或未滿 20 歲而有行為能力者。

消極的限制有 3 項：

1. 遞奪公權。

2. 破產。

3. 吸用鴉片或其代用品等，有 3 者之一者不得為合作社社員。〔註67〕

　　合作社社員人數最少 7 人以上，合作社成立後，凡願入社者，應有社員 2 人以上之介紹，或直接以書面請求。新加入有限責任或保證責任合作社，應經理事會同意，並報告社員大會；加入無限責任合作社，應由社務會提經社員大會出席社員四分之三以上之通過。新加入之社員，合作社應於許其加入後 1 個月內，向主管機關登記。新社員對於入社前合作社所負之債務，與舊社員赴同一責任。〔註68〕

　　合作社社員分為自然人及法人兩種，法人僅得為有限責任或保證責任合作社社員，但法人只以非營利法人為限，〔註69〕營利法人不得為合作社社員。欲加入某合作社社員者，申請者之戶籍或居所之地址，必須在該合作社的業務範圍內，〔註70〕而一戶之內有家長入社即可。〔註71〕且同一地區有兩家以上業務性質相同之合作社，以加入一社為限，即禁止社員跨社。〔註72〕有農會會員身分者或贊助會員，不得加入經營信用業務之合作社為社員。〔註73〕

　　社員之出社，有 4 種情況：

1. 消極限制情事之一者。

2. 死亡。

3. 自請退社。

4. 除名。〔註74〕

　　社員自請退社限於年度終了時退社，但需於 3 個月前提出請求書；法人社員退社得延長一年。社員除名事由，於合作社章程內訂定。除名應經社務

〔註67〕台灣省合作事業管理處編印，〈合作社法〉，《合作法令彙編》，頁 3、4。
〔註68〕台灣省合作事業管理處編印，〈合作社法〉，《合作法令彙編》，頁 4。
〔註69〕台灣省合作事業管理處編印，〈合作社法〉，《合作法令彙編》，頁 3。
〔註70〕台灣省合作事業管理處編印，《合作法令彙編》，頁 380、381。
〔註71〕台灣省合作事業管理處編印，《合作法令彙編》，頁 375。
〔註72〕中國合作事業協會台灣省分會編印，《最新合作法令輯要彙編》，頁 87。及台灣省合作事業管理處編印，《合作法令彙編》，頁 402。
〔註73〕台灣省合作事業管理處編印，《合作法令彙編》，頁 392。
〔註74〕台灣省合作事業管理處編印，〈合作社法〉《合作法令彙編》，頁 5。

會出席理、監事四分之三以上之議決，以書面通知被除名之社員，並報告社員大會。無論無限責任或保證責任合作社出社社員，對出社前合作社債權人之責任，自出社決定之日起，經過 2 年，始得解除；若合作社於社員出社後 6 個月內解散時，該社員視爲未出社。〔註75〕

　　繳納股金是取得社員資格的必備條件之一，合作社法對社員繳交股金的方式、期限並無確切的規定，但以交納股金之日爲權責生效日期。〔註 76〕至於每股社股金額在同一社內必須一律，認購的社股，每 1 社員至少 1 股，至多不得超過股金總額百分之二十，〔註 77〕必要時得分別或一致規定每一社員應購之股數。〔註 78〕信用合作社的社股以新台幣計價，每股金額在信用合作社都以新台幣 100 元爲單位。

（二）信用合作社法的規定

　　83 年立法院通過「信用合作社法」單獨立法，對信用合作社的社、業務限制有很大的放寬。社員入社的設籍方面，將自然人原必須戶籍設籍在信用合作社業務區域內的規定，放寬爲從業地點在業務區域內有證明者亦可入社。再次，最大的改變，開放中小企業爲準會員，讓信合社的授信業務得以名正言順的與中小企業結合，這是全國信用合作社多年努力爭取的成果。

二、社員的權利與義務

　　合作社是「人的結合」，在公平、對等、互助、互惠的基礎上，成爲信合社的社員，有其一定的地位，相對的亦有其應盡的義務。〔註 79〕

（一）社員的權利

1. 出席社員大會及表決權：每一社員都有出席社員大會的權利，開大會時每一社員有一表決權。〔註 80〕但社員人數超過 200 人以上者，得依法採

〔註75〕台灣省合作事業管理處編印，〈合作社法〉《合作法令彙編》，頁 6。
〔註76〕台北市政府財政局編印，《合作金融法令彙編》，頁 108、109。「……是則信用合作社社員與其所屬合作社發生權責關係，應自理事會同意並依章繳納股金之日起生效……」。
〔註77〕台灣省合作事業管理處編印，〈合作社法〉《合作法令彙編》，頁 4。
〔註78〕台灣省合作事業管理處編印，〈合作社法施行細則〉《合作法令彙編》，頁 17。
〔註79〕中華民國信用合作社聯合社編印，《台灣地區信用合作社發展史》，頁 88。
〔註80〕中國合作事業協會台灣省分會編印，〈合作社法〉，《最新合作法令輯要彙編》，頁 11。

社員代表大會制，社員按章程規定分區選出社員代表，由社員代表代理社員出席社員代表大會，行使信用合作社之最高權力。〔註81〕社員在大會行使的權力則完全喪失。

2. 選舉權及被選舉權：為推行社、業務，依法組織各項法定會議，選出社員代表、理、監事及評議員。每一位社員若符合信用合作社相關法令及章程規定之資格，都有選舉權及被選舉權。〔註82〕但成立社員代表大會後，社員只有被選舉權及選舉社員代表之選舉權。

3. 罷免權：理、監事違反法令或合作社章程，得由社員大會社員（或代表大會之社員代表）過半數之決議解除其職權。社員代表大會成立後，社員已無法行使罷免權。

4. 盈餘分配權：合作社之盈餘除彌補虧損及附息外，信用合作社應提百分之二十以上為公積金，百分之五為公益金，百分之十為理事、事務員酬勞金，其餘額之分配，以社員交易額之多寡為標準。〔註83〕

5. 其他：信用合作社社員尚有書類查閱、業務利用、自主退社、退股的權利。〔註84〕

（二）社員的義務有

1. 恪遵合作社法及相關法令的義務。
2. 遵守合作社章程及與合作社所訂定的契約。
3. 出席大會及服從大會決議的義務。
4. 出資的義務。
5. 分擔損失的義務：信用合作社發生虧損超過合作社法規定之金額時，〔註85〕社員對所認之股金及保證金額負責。〔註86〕

〔註81〕 中國合作事業協會台灣省分會編印，〈合作社法施行細則〉，《最新合作法令輯要彙編》，頁22。
〔註82〕 中國合作事業協會台灣省分會編印，〈選舉權部分〉，《最新合作法令輯要彙編》，頁108～124。
〔註83〕 中國合作事業協會台灣省分會編印，〈合作社法〉，《最新合作法令輯要彙編》，頁7。
〔註84〕 中華民國信用合作社聯合社編印，《台灣地區信用合作社發展史》，頁91、92。
〔註85〕 中國合作事業協會台灣省分會編印，〈合作社法〉，《最新合作法令輯要彙編》，頁2。
〔註86〕 中國合作事業協會台灣省分會編印，〈虧損破產處理部分〉，《最新合作法令輯要彙編》，頁254。

6. 履行交易的義務：信用合作社社員與合作社交易是權力也是義務，信用
合作社於社規內，對社員〔註87〕、社員代表、理、監事都訂有最低交易
額的條款。〔註88〕

三、板信的 10 萬社員與 60 億股金

板信創立後，爲了永續經營，穩固財務，對於股金的徵募，公積金的提
撥，非常的注意。標榜著「誠信」的經營方式，獲得社員的信任，及地方、
社會的肯定。在 40 年中，板信共有社員 10 萬名參與，股金累積 60 億元，公
積金 21 億元以上之資產淨值。

板信招募社員、股金初期並不順利，這中間歷經幾個不同階段的努力才
有如此成績：

（一）10 萬社員

1. 創立初期（46 年～49 年）：

板信於籌設時，最初只募集了社員 367 名，〔註89〕開業時增加至 580
名〔註90〕，至 46 年底，社員增加至 773 名；47 年底社員 898 名，都只是
微幅增加。48 年、49 年，則是板信少有的社員、股金都低度成長的時期，
2 年只增加社員 29 名，當時申請入社員主要目的在取得貸款的資格，少有
主動入社者。

2. 獎勵金鼓勵增入股（50 年～58 年）

經過 4 年，板信的社員、股金增長有限，爲突破現況，健全組織發展，
在 50 年時，理事會特別提案，討論如何吸收社員案，並議決獎勵辦法，經過
全社一年努力，社員也只增加 39 名。

〔註87〕 00－76－78－100－3〈板橋信用合作社 76 年度第 10 次理事會·討論事項第
10 案〉（1987 年 7 月 30 日）。社員每年度存款積數最低爲 2000 元，即 2000
元÷365（天）＝5.5 元／每日。

〔註88〕 台北市政府財政局編印，〈信用合作社社員代表監事暨經理人選聘準則〉，
《合作金融法令彙編》，頁 116。

〔註89〕 00－47－86－100－1,〈板橋鎮信用合作社社員代表大會紀錄·創立會紀錄〉
（1957 年 4 月 25 日）。

〔註90〕 00－46－86－100－1,〈板橋鎮信用合作社 52 年度社員代表大會紀錄〉（1963
年 2 月 10 日）。附件：「本射沿革」。

51 年再提案勸募增股，並特訂定勸募辦法，新舊社員增入股，每一股發獎勵金 5 元獎勵，經發動理、監事、社員代表協助，至年底，社員增加 59 名，總社員人數才突破千人，為 1,005 名。〔註 91〕

52 年，為配合台灣省合作事業管理處推動的改進合作事業方案，板信特別由全體理、監事組成新社員推動小組，加強勸募新社員，更造名冊訪勸。〔註 92〕並編列預算 5,000 元做為增入股獎勵金，這項措施實施至 58 年止。〔註 93〕經過幾番努力，是年底時，社員總數增加一倍以上，至 2,164 名。財政部接管信用合作社後，規定要求信用合作社實收股金總額不得少於新台幣 300 萬元。〔註 94〕板信為日後發展，及符合政府規定，更加積極吸收新社員。針對非社員存戶吸收為社員，到 59 年底，社員人數已增加至 2,673 名（見表 4－4－1）。

3. 辦理購屋貸款主動入社（59 年以後）

板信自從推出購屋貸款後，地方民眾為向板信申請購屋貸款，乃主動申請入社，因為每年有數千人申請貸款入社，社員人數已非社務主要問題。其後板信主動爭取新社員，多為非社員存款額度問題，以吸收非社員存款大戶為目標。

4. 10 萬名社員的形成

77 年，行政院通過銀行法修正草案時，除為開放民營銀行的新設開創新機。〔註 95〕在基層金融方面，也有意核准績優信用合作社改制為商業銀行，板信社員代表大會對改制非常熱中，提前議決授權社方著手改制為商業銀行。〔註 96〕地方上非常熱切盼望板信改制事件。78 年 6 月板信為符合信用合作社自有資金的規定，議決每一位社員每年可增入股 20 萬元。〔註 97〕外界竟將這項決議案與板信改制商銀的期盼相連結，讓這次的增入股案意外的熱

〔註 91〕00－46－71－100－1〈板橋鎮信用合作社 51 年度第 1、2 次理事會紀錄‧討論事項〉（1962 年 1 月 17 日：1962 年 2 月 20 日）。

〔註 92〕00－46－71－100－1〈板橋鎮信用合作社 52 年度第 5 次理事會紀錄‧討論事項第 1 案〉（1963 年 5 月 22 日）。

〔註 93〕52～58 年板信編，〈板橋鎮信用合作社社員代表大會議案‧事業計畫〉。

〔註 94〕台北市政府財政局編印，《合作金融法令彙編》，頁 19。

〔註 95〕〈開放銀行新設的衝擊——金融自由化應加速進行〉，《經濟日報》，中華民國，1989 年 1 月 10 日，02 版，要聞。

〔註 96〕〈等待改制標準，北縣三信合社心急不已〉，《經濟日報》，中華民國，1989 年 10 月 12 日，18 版，地方商業（基隆－台北－苗栗）。

〔註 97〕00－76－78－100－2〈板橋信用合作社 78 年度第 11 次理事會紀錄‧討論事項第 3 案〉（1989 年 8 月 28 日）。

絡。只 78 年，社員淨增加了 13,006 名。

對信用合作社改制商銀的議題，板信業務區域內的民眾熱衷始終未消，從 77 年底至 83 年底之間，每年都有 5、6 千人以上的新設員加入。在 83 年 11 月，社員人數已突破 10 萬名，達 100,718 人（見表 4－4－1）。

（二）60 億股金

1. 民國 46 年～49 年

板信於籌設時，新台幣 50 萬元股金，創社後尚無法募足。〔註 98〕在主管機關派人驗資前，才由理事主席邱榮隆、理事歐潤，監事主席林水木等籌設補足。〔註 99〕為籌足這 50 萬元股金，由有意擔任理監事者 16 名負擔 56％，計 28 萬元的股金。其餘 44％的股金 22 萬元，才由 580 名社員出資而來。〔註 100〕

48 年、49 年，是板信股金都低度成長的時期，2 年股金只微幅的增加 2,000 元。（見附表 4－4－1）。這 2 年，板信發放的股息只有 10％。相對的，48 年 1 月份儲蓄存款的年息為 17％，信用放款年息在 21％以上。〔註 101〕由此可知台灣當時資金需求仍然緊俏，所以股金勸募是極為不易的。

2. 民國 50 年～58 年

經過 4 年，板信的股金增長仍然有限，為突破現況，於 50 年時，理事會特別議決獎勵辦法，對象針對存款優良戶及理監事以股利增股，經過全社一年努力，股金增加 26,000 元。51 年再提案勸募增股，並特訂獎勵金辦法，以增加股金 10 萬元以上為目標，股金低於 5 股者勸請增為 5 股。發動理、監事、社員代表協助，增入股者每增加一股發獎勵金 5 元。至年底總股金 592,800 元，成績尚可。〔註 102〕這項措施實施直至 58 年止。〔註 103〕經過幾番努力，是年

〔註 98〕00－47－86－100－1，〈板橋鎮信用合作社社員大會紀錄·創立會紀錄〉（1957 年 4 月 25 日）。

〔註 99〕00－86－100－2，〈板橋鎮信用合作社 46 年度第 4 次社務會紀錄〉（1957 年 6 月 23 日）。

〔註 100〕00－46－86－100－1，〈板橋鎮信用合作社 52 年度社員代表大會紀錄〉（1963 年 2 月 10 日）。「附件：本社沿革」

〔註 101〕00－46－71－100－1〈板橋鎮信用合作社 48 年度第 1 次理事會紀錄〉（1958 年 1 月 10 日）。

〔註 102〕00－46－71－100－1〈板橋鎮信用合作社 51 年度第 1、2 次理事會紀錄〉（1962 年 1 月 17 日；1962 年 2 月 20 日）。

〔註 103〕52～58 年板信編，〈板橋鎮信用合作社社員代表大會議案，事業計畫〉。

底時股金增加至 1,687,600 元（見附表 4－4－1）。

3. 財政部接管信用合作社後

財政部接管後，要求信用合作社，實收股金總額，不得少於新台幣 300 萬元。〔註 104〕及規定資本淨值不少於購置固定資產。〔註 105〕板信為日後發展，充實自有資金達成政府規定，與預備建購「儲蓄部」營業所等原因，更加積極吸收新社員與勸募增股活動，針對非社員存戶吸收為社員，以減少非社員存款。以新社員入股每人至少 5 股；舊社員增至 5 股；社員代表增至 10 股；現任理、監事增至 100 股；支存戶、借款戶增至 10 股為目標。〔註 106〕這次強力的增股活動，非常有效率的達成規定的目標，到 59 年底，股金總數為 3,061,200 元（見表 4－4－1）。

板信因業務擴充，59 年 4 月儲蓄部獨立營業，60 年 3 月又概括承受永信，成立永和分社，業務涵蓋 4 個鄉鎮市。61 年 11 月理事會以淨值達到股金 500 萬元為目標，針對中和、永和地區招募新社員，這項目標 62 年底就達成。75 年時，板信已具有 6 家總、分社的規模，存款超過 115 億元。〔註 107〕台北縣政府要求板信必要多充裕自有資金，為此社員代表大會通過，將每位具有社員資格的認股金額，從 5 股提高至 30 股。〔註 108〕

除了發動員工吸收新股及增股外，板信利用每年發放股息時，將附贈社員的年度紀念品以股數多寡作區隔，鼓勵社員多增認股金。如 63 年訂定，社股在 5 股內不送紀念品，每增一股送 2 兩味精，6 股送 2 兩，7 股 4 兩，10 股 10 兩……這項措施在當時是很有效應的，讓社員很有意願增加股數。〔註 109〕每年的贈送品外，優厚的股息也是吸引社員增股的很大誘因。板信的股息很少低於年息 10%以下；在 65 年至 69 年，股息加上以紀念品代金名義發放的

〔註 104〕台北市政府財政局編印，《合作金融法令彙編》，頁 19。

〔註 105〕00－46－71－100－1〈板橋鎮信用合作社 59 年度第 8 次理事會紀錄‧主席致詞〉（1970 年 8 月 19 日），及台北市政府財政局編印，〈規定購置固定資產金額及用途〉，《合作金融法令彙編》，頁 413。原「信用合作社增置固定資產準則」於 72／3／3 依（72）台財榮第一二七九六號函不適用。

〔註 106〕00－46－71－100－1〈板橋鎮信用合作社 59 年度第 9 次理事會紀錄‧討論事項第 3 案〉（1970 年 9 月 18 日）。

〔註 107〕板信編，〈板橋信用合作社 74 年度業務報告〉（1985 年），頁 9。

〔註 108〕板信編，〈板橋信用合作社 75 年度社員代表大會議案〉（1986 年），頁 3。

〔註 109〕00－46－71－100－1〈板橋信用合作社 63 年度第 11 次理事會紀錄‧討論事項第 3 案〉（1974 年 11 月 25 日）。

現金合計高達 24%（表 4－4－1）。如此高的股息，曾經受到財政部主管官員注意，被要求依合作社法改進。〔註 110〕

　　經過全社理、監事及員工努力，至 77 年底，板信的社員總數達到 55,979 名，股金為 5 億 7,223 萬餘元。顯現社員及地方對板信的肯定。

4. 改制商銀議題引發的熱潮

　　民國 77 年，行政院為因應金融自由化、國際化，通過銀行法修正草案，為開放民營銀行的新設開創新機。同時也有意核准績優信用合作社，改制為商業銀行。板信社員代表大會亦提前通過，授權社方著手改制為商業銀行事宜。地方上更熱切企盼板信的改制事件。事巧，78 年 6 月板信的存款業務近 218 億元，理事會為符合信用合作社自有資金須達到存款 5% 以上的規定，及提昇可收受非社員存款限額，議決每一位社員每年可增股 20 萬元。〔註 111〕外界竟將這項決議案，與板信改制商銀的期盼相連結，讓這次的增股案意外的熱絡。只 11 月份股金即增加 2 億 5,476 萬餘元；12 月份股金再增加 2 億 4,447 萬元。〔註 112〕至 78 年底，已暴增近 24 億元，淨增加 18 億 1,698 萬元，其後年度板信股金仍持續成長（見表 4－4－1）。

　　信用合作社存款總額不得超過淨值得 20 倍的規定，〔註 113〕自 78 年起，一直約束著信用合作社的存款業務。板信的存款仍一直持續的成長，從 78 年 238 億元，79 年 262 億元，至 84 年已達 544 億元。以 84 年存款計，股金最低需有 27.2 億元，當年底板信股金額為 30.8 億元，勉強符合規定（表 4－4－1）。

　　依合作社法，社股年息不得過 1 分。〔註 114〕板信對發放股息，除創立次年外，只有 76 年度發放的股息未達 10%。更多的存款業務，需要更多的股金配合，增加的股金，需要增加盈餘，來支應增加的股息。為緩和這種現象，

〔註 110〕參見：邱明政訪談紀錄。

〔註 111〕00－76－78－100－2〈板橋信用合作社 78 年度第 11 次理事會紀錄・討論事項第 3 案〉（1989 年 8 月 28 日）。

〔註 112〕00－76－78－100－2，〈板橋信用合作社 78 年度第 14 次理事會紀錄〉（1989 年 11 月 29 日）；及〈第 15 次理事會紀錄〉（1989 年 12 月 27 日）。附件：「申請入社名冊」

〔註 113〕00－85－86－100－6，〈板橋信用合作社 85 年度第 8 月份第 2 次理事會紀錄〉（1996 年 8 月 26 日）。附件：「85／8／21，板信收文字第 2211 號：『依信用合作社法第 37 條準用銀行法第 36 條第 2 項、第 3 項規定訂定之』」。

〔註 114〕台北市政府財政局編印，〈合作社法〉，《合作金融法令會編》，頁 4。

83年板信理事會議決限制每位社員股金最高為50萬元，申請人須入社滿2年以上，申請前半年存款日平均積數須有50萬元以上，才能增股至50萬。〔註115〕這才稍為抑制增股的風潮。信用合作社得改制商銀的消息，經傳說二年以上，辦法卻遲未頒布，原期待改制而增股的社員，已有不奈退股者出現，〔註116〕故從79年初至84年底期間，板信股金總數增增減減的，呈小幅起伏的狀態（見表4-4-1）。

84年12月6日，財政部終於公布改制商銀的標準及辦法，85年，板信社員代表大會立即通過儘速改制為商業銀行的決議。〔註117〕板信改制最大問題在股權，股權分散是信用合作社普遍的現象。股權分散無大股東，經營權很容易被社外有心人侵入掌握。為解決這個問題，8月份起先由理、監事先行辦理增股，〔註118〕並於10月分理事會議決增資30億元，總股金60億元，向主管機關報備，以公開方式辦理增股手續，不足金額時由理事認足。〔註119〕議案通過報備後，不到3個月的期間就募足了30億元的股金。85年底時，板信實收的股金總額為60億9萬3千元，社員為10萬2千7百5人，乃成為同業間股金最雄厚之信用合作社。

這次30億元增資案，理監事約占三分之二，員工及社員代表約占三分之一左右，在股金的比率上超過30%，已有足夠掌控經營權的實力，板信理事會才加速改制商銀的申請案（見表4-4-2）。

表4-4-1：板信歷年各項社、業務統計　　　　金額單位：千元

年度	社員人數（人）	股金總數	盈餘	股金	社員福利經費	合作教育經費	社會公益金	存款餘額	放款餘額
46	773	500	13	500	－	－	－	1,508	907
47	898	500	60	500	5	－	2	2,748	2,035

〔註115〕00-82.84-100-5，〈板橋信用合作社83年度第12次理事會紀錄‧討論事項第11案〉（194年11月24日）。
〔註116〕00-82.84-100-5，〈板橋信用合作社82年度第4次理事會紀錄〉（1993年2月23日）。附件：「申請退社名冊」
〔註117〕00-47.86-100-1，〈板橋信用合作社85年度常年大會紀錄‧討論提案第3案〉（1996年1月28日）。
〔註118〕00-85.86-100-6，〈板橋信用合作社85年度8月份第2次理事會紀錄〉（1996年8月26日）。附件：「社務股資料清單」
〔註119〕00-85.86-100-6，〈板橋信用合作社85年度10月份第1次理事會紀錄‧討論事項第1案〉（1996年10月4日）。

年度	社員人數（人）	股金總數	盈餘	股金	社員福利經費	合作教育經費	社會公益金	存款餘額	放款餘額
48	916	506	60	506	26	5	2	5,083	2,866
49	927	502	64	502	20	5	2	7,521	4,383
50	966	528	67	528	36	1	3	11,296	6,199
51	1,005	592	80	592	34	10	4	15,633	7,751
52	1,124	648	137	648	40	8	5	19,570	11,170
53	1,364	847	169	847	57	13	2	27,008	12,965
54	1,452	923	165	923	113	14	10	32,156	18,182
55	1,636	1,069	169	1.069	147	19	6	36,418	20,303
56	1,782	1,181	209	1,181	174	26	14	62,565	21,509
57	2,085	1,502	260	1,502	138	77	25	70,851	43,345
58	2,164	1,687	363	1,687	195	95	25	82,016	40,421
59	2,675	3,061	461	3,061	276	113	27	101,037	47,062
60	3,087	3,564	748	3,564	367	53	51	156,944	84,983
61	3,572	4,085	969	4,085	394	52	53	238,384	127,913
62	4,287	5,308	1,912	5,308	428	83	106	425,283	221,773
63	5,178	6,392	4,781	6,392	979	97	908	539,818	289,942
64	6,420	8,703	6,540	8,703	1,216	40	1,430	851,041	503,413
65	8,710	14,293	9,622	14,293	1,648	101	－	1,246,045	826,090
66	11,371	20,950	11,746	20,960	1,365	198	－	1,553,868	1,047,781
67	13,780	28,892	15,455	28,892	1,830	241	－	2,301,254	1,431,781
68	16,347	37,543	26,233	37,543	1,715	237	75,000	3,026,179	2,029,070
69	21,056	53,982	38,803	53,982	5,155	302	1,100,000	4,166,646	2,934,038
70	24,469	61,587	63,325	61,587	7,224	469	590,000	5,025,459	3,306,989
71	29,498	143,141	64,551	143,141	8,655	880	1,270,000	6,277,398	4,401,303
72	35,602	241,006	91,599	241,006	6,799	739	280,000	8,046,965	5,174,945
73	42,300	362,384	161,020	362,384	8,531	1,039	1,060,000	10,233,825	6,611,048
74	45,983	475,023	146,173	475,023	9,138	1,058	1,620,000	11,548,818	7,747,361
75	48,668	581,777	182,553	581,777	10,194	1395	2,545,000	13,363,818	7,342,209
76	51,071	544,798	126,395	544,798	15,677	1,292	4,600,000	16,373,405	8,158,115
77	55,979	572,239	131,101	572,239	10,225	1,554	3,415,700	19,130,139	12,608,482
78	68,985	2,389,219	292,901	2,389,219	20,042	1,598	1,382,000	23,861,095	15,579,961
79	74,749	2,507,926	507,351	2,507,926	27,849	2,361	300,000	26,214,710	18,632,430
80	80,202	2,304,401	555,263	2,304,401	15,674	3,127	650,000	31,634,890	22,500,491
81	84,762	2,448,708	565,756	2,448,708	28,550	4,480	10,060,000	35,020,305	26,341,622
82	91,148	2,684,258	650,291	2,684,258	25,010	4,390	7,262,000	41,726,264	29,564,417
83	98,258	2,837,872	708,755	2,837,872	18,674	4,896	－	52,319,321	34,364,399
84	100,718	3,081,606	722,873	3,081,606	38,617	5,296	1,330,000	54,482,166	39,211,969
85	102,705	6,000,093	721,035	6,000,000	41,943	6,057	5,100,000	56,637,359	36,722,658

資料來源：依據板信 46～59 年度〈社員代表大會議案〉，60～85 年度〈業務報告〉整理。

表4－4－2：板信商銀85年11月30日股東持股數級距統計

持股分級	股東人數	持有股數	持有比率
1～999 股	77,082	22,899,670	3.8166％
1,000～10,000 股	16,827	58,433,100	9.7388％
10,001～50,000 股	7,376	164,072,400	27.4354％
50,001～100,000 股	1,084	63,551,660	10.5919％
100,001～1,000,000 股	284	100,087,420	16.6812％
1,000,001～10,000,000 股	9	63,013,300	10.5022％
10,000,001～50,000,000 股	12	127,942,450	21.3237％
50,000,000 股以上	0	0	0％
合　計	102,674	600,000,000	100.00％

資料來源：本表依據「板信商銀」股務課電腦資料轉錄。

四、板信社員的股息及福利

合作社的經營原則，有二項關於盈餘的分配，一、為限制股息，二、為按交易額分配淨利。信用合作社章程準亦規定，信用合作社每年決算後，有盈餘時，發放股息至多年利 1 分。其餘部分以 5％做公益金，以 65％作社員交易分配金，按借款社員已繳利息，及存款社員存款利息，比率分配。〔註120〕板信對這兩項規定都忠實的實施。

（一）板信的股息

板信因經營得法，每年都有相當之盈餘，所以每年都有股息發放（如表4－4－1）。在創立的最初幾年，地方對板信的存續尚存疑慮，故社員的招募，增長緩慢，所以對股息發放特別重視。除了第 1 年外，在合作社體制的期間，只有 76 年低於 10％，其餘年度都在 10％，或超過。甚至在 65 年至 70 年間，股息發放都超過 20％以上，這情形曾受到主管機關的關切。

（二）板信的社員福利

發放股息及年度紀念品，是每年社員與板信間最大的互動。每年 3、4 月發放股息及年度紀念品，年度紀念品多以民生日用品為主，數量隨著社員增

〔註120〕台北市政府財政局編印，《合作金融法令彙編》，頁 80。

加逐年遞增，單價亦年年提高，81 年時，紀念品訂購量已經達到 7 萬份。〔註 121〕在 11、12 月分，還有另一次發放社員福利品，福利品種類較固定，66 年前，以下一年的月曆、農民曆、春聯等應景物品致贈，66 年後，月曆改爲日曆，發放日曆頗受各界歡迎，最初爲八開大小，後改爲四開本。因市面上少有大型日曆，故與農民曆，立即成爲各方爭相索取的物品。

　　板信每一年度的紀念品、福利品，兩項經費總額是僅次於股息的大筆經費支出（如表 4－4－3），兩項經費亦隨著社員增加，逐年遞增。64 年時，兩項經費支出已經超過 100 萬元，75 年則超出千萬元，改制前（85 年）達到了近 4 千 2 百萬元的大金額。這項福利品的發放，是板信的一大特色，有別於其他銀行。

表 4－4－3：板信股息、社員福利、交易分配金、公益金統計表

金額單位：元

年度	股　息	社員福利支出	社員交易分配金	提列公益金
61	506,075	429,000	148,500	13,500
62	607,873	393,000	220,000	20,000
63	920,845	484,171	660,000	60,000
64	1,243,220	1,216,200	695,000	69,500
65	2,879,426	1,648,779	825,000	75,000
66	4,470,786	1,365,531	1,000,000	100,000
67	6,199,338	1,830,325	1,100,000	110,000
68	7,672,642	1,715,558	1,250,000	125,000
69	11,685,510	5,155,720	2,500,000	250,000
70	12,943,000	7,224,025	4,050,000	405,000
71	14,314,150	8,655,034	9,990,000	1,110,000
72	24,100,610	6,799,297	9,772,000	1,396,000
73	36,238,450	8,531,390	15,723,600	2,620,600
74	41,673,938	9,138,920	20,755,800	3,459,300
75	53,877,109	10,194,316	20,816,100	3,469,350
76	43,193,779	15,677,750	14,778,450	1,642,000
77	55,136,170	10,225,217	10,620,000	1,770,000
78	70,658,311	20,041,307	13,700,000	6,450,000
79	245,976,429	27,849,800	48,011,200	6,001,400

〔註 121〕00－79－81－100－4，〈板橋信用合作社 81 年度第 11 次理事會記錄・討論事項第 1 案〉（1992 年 10 月 28 日）。

年度	股　息	社員福利支出	社員交易分配金	提列公益金
80	228,881,620	15,674,208	66,720,000	8,340,000
81	230,819,378	28,550,931	68,600,000	8,575,000
82	497,000,000	25,010,064	37,630,000	2,504,000
83	543,000,000	18,674,537	8,380,000	1,020,000
84	561,500,000	38,617,019	21,690,000	1,740,000
85	574,893,757	41,943,246	14,912,000	1,400,000

資料來源：一、依據板信民國 60 年至 85 年歷年之〈業務報告〉整理。

　　　　　二、61、62 年列示的社員福利金之金額為預算數。

（三）社員交易分配金

　　信用合作社的交易分配金分發，是合乎合作社經營原則的措施，也是另一項有別於一般銀行的特色。每年分配金的發放，都讓社員有額外之喜悅感。

　　板信創立後，初期因為盈餘不豐，所以累積至民國 53 年，總額超過 1 萬元，才作第一次分發。〔註 122〕55 年以後盈餘逐年提增，提撥的分配金有了相當數額，遂每年分配。分配的對象，最初限於活期性存款戶，其後隨著盈餘逐年遞增，發放對象也擴張，74 年分配對象由支票存款戶、活期存款戶，增加至放款戶。〔註 123〕

　　依信用合作社的章程準則，交易分配金按社員存款、放款利息比率分配。但自 71 年起板信盈餘大增，當年度交易分配金提列了 999 萬元，由於較前年度增額過大，乃將部分分配金額改為社員分配金。其後分配方式隨年度盈餘多寡，及股金增加狀況調整分配（見表 4－4－4；表 4－4－5）。

　　至於充作交易分配金、及社員分配金的分配細節，亦隨各年度均有相當之差異，以民國 84 年提列的分配金為例，社員分配金撥提 15,112,000 元，每股分配得到 0.5%。交易分配金的分配原則，為存款客戶的支票存款或活期存款戶頭全年平均存款積數 3 萬元以上，活期儲蓄存款戶頭 5 萬元以上；放款戶全年平均放款餘額在 500 萬以上，才能分配到交易分配金。各種存款業務的分配標準不同。支票存款平時不支付利息，每萬元費配額最高；活期儲蓄存款正常利息較高，所以分配額相對降低（見表 4－3－6）。

〔註 122〕00－46－71－100－1，〈板橋鎮信用合作社 53 度第 3 次理事會記錄・討論事項第 6 案〉（1964 年 3 月 13 日）。「分配金總額 10,225.25 元」。

〔註 123〕00－72－75－100－2，〈板橋信用合作社 74 年度第 4 理事會記錄・討論事項第 2 案〉（1984 年 4 月 8 日）。

表 4-4-4：板信 71 年至 78 年交易分配金分配情形　　金額單位：元

年度	分配金總額	交易分配金	社員分配金	備　註
71	9,990,000	3,500,000	6,490,000	隔年分配
72	9,772,000	4,491,856	5,280,144	
73	15,723,600	7.080,354	8,643,246	
74	20,755,800	20,755,800	－	
75	20,816,100	10,060,678	10,755,422	
76	14,778,450	3,980,025	10,798,445	
77	10,620,000	16,620,000	－	
78	13,700,000	13,700,000	－	

資料來源：依據板信 72 年至 79 年歷年〈理事會紀錄〉整理。

表 4-4-5：板信 79 年至 85 年交易分配金分配情形　　金額單位：元

年度	交易分配金				社員分配金	提列總額
	支存	活存	活儲	放款		
79	3,671,551	4,488,948	－	10,826,216	35,025,885	48,011,200
80	3,340,955	4,366,878	－	13,235,843	45,776,324	66,720,000
81	3,053,227	2,346,613	3,142,170	13,894,114	46,163,876	68,600,000
82	1,743,166	1,333,010	1,794,436	7,946,788	24,812,600	37,630,000
83	1,177,390	1,546,110	1,466,500	4,190,000	－	8,380,000
84	1,180,514	1,191,201	1,663,034	2,543,251	15,112,000	21,690,000
85	1,990,854	2,205,626	3,259,520	7,456,000	－	14,912,000

資料來源：依據板信 80 年至 86 年度歷年〈理事會紀錄〉整理。

表 4-4-6：板信 84 年度交易分配金分配明細　　金額單位：元

分配項目	分配額	比率%	分配基數	每萬元分配額
支存	1,180,514	17.95	58,248	20.267
活存	1,191,201	18.11	138,995	8.5701
活儲	1,663,034	25.28	770,244	2.1591
放款	2,543,251	38.66	1,249,793	1.7422

資料來源：依據板信〈85 年度 2 月份第 1 次理事會紀錄・討論事項：第三案及附件〉
　　　　　整理。

五、合作教育

社員教育也是合作社經營原則中的一項。創社理事主席邱榮隆對合作教育的推行十分熱中，46 年創立時所編列的預算中，即有列示 1,000 元的合作教育費。〔註 124〕其後為了更進一步推行合作教育，先後創辦商業補習班、板信幼稚園，設立社員子女獎學金等，期望能讓合作理念廣佈。

（一）開辦商業會計短期職業補習班

邱榮隆為了推行合作教育，宣揚合作要旨，使社員或顧客之子女能獲得進修商業上之技能，於 48 年 7 月經社務會議決開辦。補習班每 1 年開設 1 班，學期 3 個月，招收學生最多 50 人，最少 20 人，所需的經常、臨時各項費用由板信開支，學生僅需負擔教科書、材料費。每週課程內容有：商業簿記 10 小時、珠算 6 小時、合作 1 小時、公民 1 小時。各科教科書採用教育部編輯或審定本。〔註 125〕

補習班第一屆在 48 年 8 月 1 日，假板橋國小開班。11 月 7 日，借板橋鎮民眾服務站會議廳，慎重的舉行補習班第一屆學生結業典體。補習班教室在板信幼稚園設立後，改利用幼稚園教室上課。補習班的成效良好，連續 8 年開設了 8 期。57 年時，國內學生升學壓力日重，為求社員子女實際需求，乃利用暑假期間，開辦國中應屆畢業生專科班，免費指導英文、數學、理化 3 科，並停辦了職業補習班。

（二）板信附設幼稚園

邱榮隆及板信理事會，為推廣合作教育，提高社員及顧客家中幼童，認識團體生活及基礎學識，於民國 51 年，社務會決議增設附設幼稚園計畫，並提請社員代表大會通過。〔註 126〕將原預備作辦公廳之房舍（東門街 13 號）改建為教室，招收幼稚生，分上、下午各 2 班。並將附設幼稚園名稱為「台北縣私立板橋鎮信用合作社附設幼稚園」，簡稱「板信幼稚園」。

「板信幼稚園」開辦後，即在板橋地區獲得好評，第二年學生由第一年的

〔註 124〕板信編，〈民國 46 年創立大會議案〉（1957 年 4 月 25 日），頁 6。
〔註 125〕00－87－100－2，〈板橋鎮信用合作社 48 年度第 3 次社務會紀錄〉（1959 年 7月 5 日）。附件：「台北縣板橋鎮信用合作社附設商業會計短期職業補習班組織規程、暨補習班學則」
〔註 126〕00－87－100－2，〈板橋鎮信用合作社 51 年度第 1 次社務會紀錄〉（1962 年 1月 17 日）。

67 名，遽增爲 270 名。其後，學生名額逐年增加。爲應社員、顧客家庭之需要，板信乃另覓滿興里內土地興建新校舍。55 年 2 月中旬新校舍落成，有了新校舍，幼稚園更受好評，加上教學活潑、先進，家長非常願意將幼童送至板信幼稚園學習，學生除了板橋地區外，亦有遠至中和、土城地區的孩童。〔註 127〕每班學生原定名額爲 40 人，但從第二年起學生成長就到了極限（見表 4－4－7）。

　　板信幼稚園有新的校舍，加上教學新穎，很快成爲各方幼教的觀摩對象。在 57 年 2 月 6 日起至月底，台北縣政府教育科以板信幼稚園作爲範例，拍攝幼稚教育示範影片。同年 7 月，台灣電視台兒童世界，到板信幼稚園拍錄節目；8 月再次到園錄製兒童歌舞表演節目。〔註 128〕

　　板信幼稚園開設，除了土地、校舍、硬體設備由板信提供外，開辦後財務即能自立，板信僅於每年預算中編列 5,000 元作爲象徵性的補助。〔註 129〕板信幼稚園維持至 86 年板信改制爲商業銀行後停辦。因爲財政部基於金融管理之必要，及維護金融機構專業經營本質的考量，認爲板信幼稚園之設置，宜另成立獨立之法人。板信於 85 年，提案常年社員代表大會，在大會上，社員代表對成立財團法人有疑慮，該案在會中由理事主席自動撤回後，由幼稚園董事會議決停辦。〔註 130〕到了 86 年學期結束，在板橋地區知名的板信幼稚園，即以解散之方式結束經營。〔註 131〕

表 4－4－7：板信幼稚園 51 年至 63 年統計表

年　度	教職員	班　數	學生數	畢業生數
51	2	2	67	35
52	6	5	270	190

〔註 127〕00－46－86－100－1，〈板橋信用合作社第 8 屆第 2 次（63 年度）社員代表大會紀錄〉（1974 年 2 月 17 日）。附件：「幼稚園園務報告」。63 年板信幼稚園中和區學生有 90 名，土城區有 99 名，二區學生約佔 25%。
〔註 128〕板信編，〈板橋鎮信用合作社 58 年度社員大會議案‧57 年度重要紀事〉（1969 年），頁 3、4。
〔註 129〕板信編，〈板橋信用合作社 60 年度業務報告‧附社員代表大會議案〉（1971 年），頁 38。
〔註 130〕00－47－86－100－1，〈板橋信用合作社 86 年度常年大會紀錄‧討論審議事項第 4 案〉（1996 年 1 月 28 日）。
〔註 131〕00－85－86－100－6，〈板橋信用合作社 86 年度 8 月份第 2 次理事會紀錄‧報告事項第 11 項〉（1997 年 8 月 25 日）。「本社附設幼稚園第 7 屆董事會通過：辦完 86 年度園務後則停辦」。

年 度	教職員	班 數	學生數	畢業生數
53	7	6	340	241
54	9	8	409	290
55	10	8	448	324
56	10	8	453	346
57	11	8	493	347
58	11	8	618	454
59	13	10	738	532
60	13	10	736	535
61	13	10	740	547
62	15	10	766	544
63	15	10	760	—
80	—	12	670	—

資料來源：51～63 年數據，依據板信〈63 年度常年社員代表大會紀錄·附件：板信
幼稚園園務報告〉及〈80 年度常年社員代表大會紀錄·附件：板信幼稚園
園務報告〉整理。

（三）板信的社員子女獎學金

推行合作教育事業，一直是板信長期秉持的理念，為宣揚合作理念，培養人才，從民國 57 年起，經由社務會議決，提社員代表大會通過，自這一年起提列經費，設立社員子女獎學金，獎勵一定成績以上之社員子女，鼓勵學生認真向學。〔註 132〕

獎學金發放也是板信一項長期又堅持的事業，頒發的金額與名額，隨著板信業的成長逐年提高。第一年，預算 16,000 元，高中、大學各 20 名。因為反應不錯，第二年預算倍增，增加發放名額。之後因應社員要求，在適當時間，逐次調整預算，增加獲獎人數及獎金金額。72 年時，獎金項目增加國中、小學的名額（見表 4－4－8）。

板信的獎學金以獎勵社員子女用功向學為目的，以普及為原則。獎金額度並未刻意提高，最初額度（57 年）大學 500 元，高中 300 元，其後數度提高。85 年時的獎學金總預算為 359 萬元，大學 600 名，每名 2,500 元；高中 300 名，每名 1,500 元；國中 800 名，每名 1,000 元；國小 1,400 名，每名 600

〔註 132〕00－87－100－2，〈板橋鎮信用合社 57 年度第 1 次社務會紀錄·討論事項第 7 案〉（1967 年 2 月 14 日）。

元。〔註 133〕當年實際頒發的獎金數為 3,756,200 元，可見板信這項獎學金受歡迎及重視的程度。

板信社員子女獎學金發放，前後 29 年，鼓勵板橋、中、永和、土城莘莘學子超過 1 萬 5 千人以上，獎金數額從 79 年到 85 年近 1 千 7 百萬元，可惜板信改制銀行後，即改採較節省經費的方式辦理。

表 4－4－8：板信社員子女獎學金統計表

年度	人　數				獎學金（元）	備　註
	大學	高中	國中	國小		
57	19	27	－	－	17,600	大學 500 元，高中 300 元
58	43	35	－	－	33,150	
59	41	38	－	－	31,900	
60	40	40	－	－	32,000	
61	40	34	－	－	30,200	
62	32	31	－	－	25,300	
63	40	31	－	－	35,300	清寒獎學金 1 名 6,000 元
64	44	28	－	－	30,400	
65	50	50	－	－	122,000	預算資料
66	50	30	－	－	34,000	
67			－	－		無資料
68			－	－		無資料
69	84	40	－	－	104,000	增加獎金金額
70	72	43	－	－	93,500	
71	94	43	－	－	115,500	
72	100	48	83	180	184,900	增加國中、國小名額
73	84	36	73	151	154,100	
74	100	－	－	－	－	未附人數及名單
75	－	－	－	－	－	未附人數及名單
76	100	50	－	－	－	未附人數及名單
77	143	84	204	368	319,800	
78	171	83	181	426	331,800	

〔註 133〕00－87－100－2，〈板橋信用合社 85 年度第 6 次社務會紀錄‧討論事項第 3 案〉（1996 年 11 月 27 日）

年度	人　數				獎學金（元）	備　註
	大學	高中	國中	國小		
79	230	106	331	570	1,137,000	增加獎金金額
80	324	145	482	820	1,617,600	
81	407	182	712	1,079	2,141,500	
82	485	183	701	1,202	2,351,400	
83	523	234	722	1,286	2,547,400	
84	577	290	689	1,373	3,390,300	
85	669	343	717	1,387	3,736,200	

資料來源：依據板信民國 57 年至 85 年歷年〈社務會紀錄〉整理。